传媒大家谈

媒体人的24堂精进课

涂凌波　丰瑞——主编

人民日报出版社

图书在版编目（CIP）数据

传媒大家谈：媒体人的24堂精进课 / 涂凌波，丰瑞主编. -- 北京：人民日报出版社，2019.12

ISBN 978-7-5115-6310-1

Ⅰ. ①传… Ⅱ. ①涂… ②丰… Ⅲ. ①传播媒介—中国—文集 Ⅳ. ①G219.2-53

中国版本图书馆CIP数据核字(2019)第295243号

书　　名：传媒大家谈：媒体人的24堂精进课
CHUANMEI DAJIA TAN：MEITIREN DE 24 TANG JINGJIN KE
作　　者：涂凌波　丰　瑞　主编

出 版 人：刘华新
责任编辑：刘　悦
封面设计：王蕃聿

出版发行：人民日报出版社
社　　址：北京金台西路2号
邮政编码：100733
发行热线：（010）65369509　65369527　65369846　65363528
邮购热线：（010）65369530　65363527
编辑热线：（010）65363105
网　　址：www.peopledailypress.com
经　　销：新华书店
印　　刷：大厂回族自治县彩虹印刷有限公司
法律顾问：北京科宇律师事务所 010-83622312

开　　本：710mm × 1000mm　1/16
字　　数：258千字
印　　张：16.75
版次印次：2020年7月第1版　2020年7月第1次印刷

书　　号：ISBN 978-7-5115-6310-1
定　　价：48.00元

用好讲座这堂“课”

王晓红

“大学者，‘囊括大典，网罗众家’之学府也。”这是蔡元培先生所秉持的大学办学理念。蔡元培先生在任北京大学校长期间，主张“思想自由，兼容并包”，为各类观点的交流交锋提供机会。这种兼收并蓄的办学方针和教育精神为北京大学注入了新的活力，一时百花齐放，百家争鸣，蔚为大观。其中，开办讲座就是一种重要的思想呈现形式。蔡元培到北京大学后不久，就开始筹划开设法国文学、哲学、美术等讲座，为新思想的传播提供了有利契机。

审问慎思以学优，他山之石以切悟，笃志躬行以求精。每周五下午，邀请来自新闻传播领域的专家学者为学生带来一场精彩讲座，成为中国传媒大学电视学院一项重要的教学传统，这一传统已经延续了 20 多年。我们认为，新闻传播教育既要站在实践的前沿，也要站在理论的前沿。在邀请业界一线专家的同时，讲座逐渐扩大专家学者邀请范围，涉及多个学科领域，以期进一步增强学生对新闻传播学科边界的认识。

于我看来，一所好的大学要有名师大师，校外名家的讲座亦必不可少。讲座中的内容多是最前沿的，也是最鲜活、最具生命力的。通过讲座，校园中的学生可以从小我的视野跳到一个更开阔的视野中。讲座看似不成体系，但作为高光时刻，其内容都是知识精华，是成体系的课程内容的有益补充，使学生不出校门就能够接触各种各样的知识。从讲座之于专业教育的意义来说，我认为有三个方面。

一是巩固知识，拓展视野。新闻传播作为一门实践性很强的学科，注重实践应用；学校课程教育提供的是基础性的、成体系的知识内容，更偏向对理论、概念、逻辑、技术等的描述层面，与业界实际操作存在一定隔阂。讲座这种形式打破了这种隔阂，能够将最前沿的实践经验与课堂知识有机结合起来，让学生更深刻地理解知识。同时，业界带来的鲜活经验有助于学生突破自身创新的局限，从而有更广阔的视野进行实践。

二是认知行业，了解前沿。讲座中的多数专家来自新闻传播领域的一线，他们拥有丰富的实践经验，使我们能够以第一视角对新闻传播行业有更直接、多元、深刻的认识。一般情况下，学生的行业认知主要来源于老师的课程讲授或是个人及团队实践，这种认识多停留在表象层面。讲座则为我们带来了另一种知识的滋养：新闻一线有哪些困难、如何克服？如何表达新闻更能打动人？如何讲好中国故事？如何看待和应对传播格局变革？学生们得到的是直接来自技术应用层面的知识，这种知识更具实践指导性。

三是方法习得，学以致用。网络空间中的信息内容纷繁多样，我们可以在网上进行大量的阅读学习，可是为什么还要有讲座这种形式呢？线上电子阅读是一种便捷的知识分享方式，线下面对面的交流同样必不可少，二者是相辅相成的。讲座能为我们带来的另一重要收益就是能够借鉴学习他人成熟有效的方法论。无论是开展学术研究，还是进行新闻传播实践，讲座中的各位专家都始终站在一线，他们发现问题、解决问题的方法、思路、手段值得我们学习。

当前，大数据、云计算、人工智能等新兴技术越发深刻介入新闻传播领域，信息传播生态格局不断发生变革，如何运用新思路、新手段，把握新趋势、新规律，解决新挑战、新问题，需要我们认真思考，严肃对待。新时代背景下，新闻传播教育需要在人才培养方面重新思索，在完善课程教育体系的同时，也要进一步开阔视野，开拓思路，通过讲座等形式搭建校内与校外、学界与业界连接的桥梁，盘活各类资源，探索高水平人才培养的模式与路径，以迎接传媒转型带来的挑战。

王晓红，中国传媒大学教务处处长，教授、博士生导师；入选“国家百千万人才工程”、中宣部“文化名家暨四个一批人才”，获评“有突出贡献中青年专家”等多项称号，享受国务院政府特殊津贴。研究领域为视听新媒体、媒体融合、智能传播等，主持国家社会科学基金重大项目和多项国家级重点课题。

坐而论道　起而行之

曾祥敏

中国传媒大学电视学院组织的“传媒前沿讲座”已经持续了20多年，从未间断。近年来的每周五下午，新知楼报告厅必有一场观点与智识的交流和分享。这也是我本人在工作之余必去汲取的、有关新思想新观点的营养补给。在互联网时代，我更愿意称之为“交流”或“分享”，而不是传统的“讲座”。因此，我们每期微信公众号关于此的预告，也叫作“分享预告”。在我的理解中，这不是自上而下的知识灌输，而是智慧、观点、思考的平等交流、碰撞与融合，体现了新媒体语境下知识共享的特点。来者都是客，全凭嘴一张，说得好不好，大家尽思量。

在传媒业不断出现颠覆性创新的今天，技术极速迭代，媒介边界模糊，传媒被不断重新定义，媒介高度融于公众社会生活。这一切的一切都向我们提出了许多亟待回答的问题。正是在这种语境下，思想活跃的传媒学子们在面对纷繁复杂的传媒现象时常感困惑，这也让每周一次的传媒前沿分享更具重要意义。在尚未步入社会、被日常琐碎牵绊的时候，学子们在校园里读圣贤书，听名家传道授业。我们的嘉宾也不遗余力地精心准备，将他们日常实践中的观察与思考分享给同学们。在与莘莘学子们毫无功利性的探讨交流中，嘉宾们的成熟想法会更加凝练、更成系统，未成熟的思考会更加丰满、更为明晰。传受相长，何乐而不为！

这些年下来，我认为“传媒前沿讲座”坚持了前沿、务实、启发、多元的特性。

前沿指前沿的媒体人、前沿的实践、前沿的观点。在这个飞速变化的时代，“以变应变”是手段之一，学生们要学会积极创新思考。我们的分享嘉宾来自智能媒体、移动社交、移动直播、知识付费、新媒体公共传播等诸多前沿领域，他们的思索为同学们开启一扇突破传统边界、进入极具想象力空间的大门，让同学们在日常体系化的课堂学习之余，接触传媒发展最有前沿性、最具前瞻性的业界探讨。然而，在这个不断求新求变的时代，媒体人更要有“以不变应万变”的定力，回归初心。因此，嘉宾的分享特别注重媒体人的坚守与思考，分享他们长时间精进探索的点点滴滴，体会创新中的守正。

务实是秉持新闻人求真务实的精神。分享人所述主题必以问题为导向，引领同学们作发散性思考。在日常的教学科研中，我们鼓励师生知行合 ，努力回答真问题。这是电视学院的一贯风格，也是新闻人应有的作风。尤其在经济社会飞速发展、传媒业面临诸多挑战的今天，更需要媒体人坚守求真务实，保证“传媒前沿”分享合为时，合为事，贴地飞行。

启发是尽量帮助传媒学子拓宽思维的边界，让分享既能深入其内，又能超乎其外。每位分享嘉宾都是从自己最熟悉、最擅长的领域展开交流，或引领学子打开一扇窗，或为其登堂入室铺就基石，极大地开阔了同学们的视野。讲者洋洋洒洒，听者孜孜不倦。有的时候，一句话、一个观点就可能形成醍醐灌顶之效；有的时候，一段经历、一段插曲也能触动听者心弦。

多元是汇集八方宾客，各抒已见。分享虽然聚焦传媒，但传媒本身的边界在不断拓展融合。因此，分享嘉宾来自与传媒相关的各个领域，触及行业和社会生活的方方面面，兼容学术理论和行业实践。嘉宾的分享角度不同、观点各异，与在场的学子此唱彼和，集合成一曲多声部合唱，一部主次交融的协奏曲。

非常感谢我们学院的两位年轻老师——涂凌波和丰瑞，以及参与筹备协调的研究生们，他们每周约请嘉宾、组织分享会。为了让分享会受惠于更多学子，我们在“中传新闻传播学部”微信公众号提前发布每期预告，并征得嘉宾同意，在分享会之后，对嘉宾进行一对一的采访，并发布嘉宾分享会全文或精彩观点，促成线上线下共交流。日积月累，方成今天的观点集萃。

互联网时代，我们每个人不仅是倾听者，也是表达者。我们共同搭建平台，在这里有分享，有交流；也有碰撞、有融合；更有前辈的传承，也蓄势着后辈的创新。今天的坐而论道，是为了明日的倚马可待，假以时日，起而行之，必大有可为。

曾祥敏，中国传媒大学电视学院党委书记，教授、博士生导师；担任中国记协新媒体专业委员会副主任委员、《中国新闻传播研究》副主编等职务；入选教育部“新世纪优秀人才支持计划”，先后被评为北京市青年教学名师、北京市“师德先锋”、北京市教学名师。主要研究领域为广播电视新媒体、国际传播、网络舆情传播等，主持多项国家级重点课题。

目 录

CONTENTS

第三部分　公共传播　理解舆论

第四部分　社交媒体　智能时代

第五部分 传播范式 跨界探索

第六部分 视觉传播 纪实影像

编者的话

第一部分

国际传播　全球视野

第 1 讲

把“中国故事”讲有趣

——关娟娟谈“中国故事”讲什么、怎么讲

一个在中国生活了6年的德国人，以另类视角解读中国，拍下700多张国人随处安睡的照片，并开通了sleepingchinese.com网站。国人睡姿大不同，有睡在卡车货物上的高难度睡姿，有倚着睡的，还有睡到深处张开嘴的……拍摄者说：“这些正在为中国的复兴而共同努力的人，展现出的平和、灵活和适应力让我着迷。”

主讲人简介

关娟娟，中央广播电视总台译审。毕业于中国传媒大学（原北京广播学院）国际新闻专业，荷兰莱顿大学公共管理硕士专业。1993年任中国国际广播电台英语时事报道节目记者、责任编辑；1999年10月底，前往耶路撒冷担任中国国际广播电台常驻耶路撒冷记者；2002—2003 年担任中国国际广播电台英语中心《专家论坛》节目制作人、主持人。

她是一名有着丰富中东报道经验的记者，曾经亲历了以色列和巴勒斯坦的多次流血冲突，她在巴以冲突的前沿地带，采写了很多关于巴以和平进程、流血冲突和巴以人民生活状况的新闻，向国内发回了大量稿件。

主要作品有《中国记者发自耶路撒冷的报道——炸弹在我身边响起》《让和平的声音再强些——以色列纪念拉宾遇刺 6 周年》《圣城耶路撒冷见证爆炸血案》等，其中她与刘素云联合采写、汪作舟编辑的专题《让爱的阳光融化冰雪》获第 11 届中国新闻奖广播类一等奖。

她从事国际传播工作多年，荣获亚广联“对外广播大奖”，入选第五届全国广播电视百优理论人才及中宣部 2017 年文化名家暨“四个一批”人才。

中国故事无处不在

怎么讲述中国故事，它面临两个问题，一个问题是 what to tell，另一个问题是 how to tell，也就是“讲什么”和“怎么讲”。“讲什么”涉及议程的设置，而“怎么讲”则是关系到话语的表达。

无论是政治方面还是经济方面，中国在国际舞台上的影响力和作用都越来越大，国际上对中国的兴趣也越来越浓厚，对中国的报道也呈上升趋势。中国故事无处不在，世界已经无法回避与中国有关的故事了。

《经济学人》（*The Economist*）一直关注中国，以中国为主题的封面传递了国外部分媒体对中国的认知。《经济学人》在 2015 年 8 月 29 日刊发题为《金融市场：中国长城永不倒？》（*Financial Markets: The Great Fall of China*）的封面文章。封面是下行的山坡，文章从全球股市动荡角度着手，剖析中国乃至全球经济问题及市场情况。文章认为，对中国经济的担忧多虑了，但投资者有理由觉得紧张。文章指出，1997 年金融危机重演一说着实有夸张之嫌，然而中国进入新的转型发展阶段，势必改变和影响部分跨国公司乃至经济体。世界不能指望中国作为增长引擎一直高速运转。对任何国家和地区而言，未来，经济发展的核心与最艰巨任务依然不变，那就是提高生产率。

2015 年，新华社发布了一条特朗普在美国总统竞选期间谈到“China”的剪辑视频。从视频中可以看到，基本上他每次演讲、专访都会提到中国。短短的三分钟视频里，他足足说了 234 次“China”。在美国的大选中，只要谈到外交，基本上都是以中国为主的，这是现在无法改变的现实。

可以看出，中国在国际政治、经济领域发挥的影响力正在逐步扩大，这是不争的事实。

除了西方主流媒体，也有一些外国普通民众用自己的双脚丈量中国土地，用手中的相机捕捉亲眼所见的中国，所得的图像与西方主流媒体的报道不同，他们眼中的中国更加生活化，更具趣味性、客观性。

我无意间发现了一个网站：sleepingchinese.com。这是由一位德国的摄影爱好者建立的网站，网站上的照片全部是中国人在千奇百怪的状况下安然入睡的情景。这位德国人在网站的首页写道，“For years I’ve been fascinated by the country and the people. Whenever I linger through the boom town Shanghai, I carry my snap shot camera with me. Because at every corner you can discover people that either are napping in the strangest positions and situations, or are even snoring, while in a deep sleep. The missing mattresses and pillows are noteworthy!"① 之所以拍摄这些“睡着了的中国人”，他在网站中也写道：在这个时代，很多国外媒体对中国的报道都只关注 China's boom——中国的经济正在腾飞，但是没有人想到这样一条崛起的东方巨龙，其实和媒体上报道的中国大大不同，现实生活中，这些睡着的中国人会让你感觉到 more peaceful（更加平和）。他希望没有到过中国、只是从媒体报道中认识中国的人，能够通过他的照片认识中国的另一面。

拿破仑曾经说过一句话：当中国崛起时，世界都要为之震惊。这句话，给人的感觉是中国特别具有威胁性，但是在现实当中，中国是非常平和的。这样一组随处安睡的照片，展现了努力拼搏、富有人性的中国人形象，与西方媒体一贯描绘的“沉睡的巨人”“新超级大国诞生”的印象截然不同。

通过对比西方主流媒体《经济学人》与“中国人睡姿网”上的中国人的形象差异，可以看出国外普通人眼中的中国形象与新闻报道中的中国形象是非常矛盾的。中国应该在国际传播中从以往的被动解释转为主动发声，提高议程设置能力。

① 多年来，我一直为这个国家和人民着迷。无论什么时候，只要我在上海城区里闲逛，我都会带上相机。因为不管在什么角落，都能发现有的人在各种奇怪的地方以各种奇怪的姿势小睡，甚至深深入眠，打着呼噜。他们不需要床垫和枕头，尤其让人觉得厉害。

中国故事讲什么

习近平总书记在全国宣传思想工作会议上指出，讲好中国故事、传播好中国声音，向世界展现真实、立体、全面的中国，提高国家文化软实力和中华文化影响力。①

面对中国故事，“讲什么”涉及议程设置，既包括国家政策、人民生活、社会文化这些主动设置的议题，也包括对错误信息、指控、误解所做出的回应，但两者目的相同，都是为了向世界呈现一个更准确和积极的中国形象。

西方媒体在报道中国故事时有一些可资借鉴的案例。有些选题别出心裁，在外国人和中国人之间嫁接了文化联系。2015 年，一位名叫马特的美国年轻男子在社交网络上发布了一个帖子。他发现自己的 iPhone 手机和之前遗失的手机共享一个同步账号，从某个时间开始，手机似乎被转手到了一名中国男子“橘子哥”手中，之后“橘子哥”的日常点滴便同步到了手机原主人马特的手机上。大感好奇的马特便把这件事情记录了下来，“橘子哥”一下成了话题焦点。事件发生后，美国 CBS 电视台的一档热门脱口秀节目艾伦秀（The Ellen Show）乘胜追击，邀请“橘子哥”和美国小伙伴马特上节目，挖掘“橘子哥”和美国人马特因丢失的手机结缘的故事。

中国故事怎么讲

中国故事“怎么讲”，首先要注意根据媒介特点选择不同的叙事方式。对于广播来讲，声音是用户接收信息的唯一方式，因此，很多通过视觉才

① 举旗帜聚民心育新人兴文化展形象 更好完成新形势下宣传思想工作使命任务[N].人民日报,2018-08-23(01).

能接收的信息需要通过语言陈述出来。

以美国国家公共广播电台（NPR）制作的“海底捞”在中国盛行的故事为例，在这则广播报道中，由于受众看不到餐馆的环境、排队的情况和食物的外观，所以报道融合了相对嘈杂的环境声、现场食客的采访，还描述了菜式的摆放。如果是电视节目，可以省去很多视觉信息的言语陈述，由受众从电视画面中自行捕捉。

NPR

全称为 National Public Radio，美国国家公共广播电台，是美国最大的公共广播电台，是一家私人资助的、非商业性的公共广播电台，提供每小时新闻、热点和十多年的归档音频和信息。NPR 也是一家以美国本土民众为广播对象的综合性广播电台。

NPR 的理念是让美国公众了解美国和世界正在发生的事情，这也是它的功能之一。这个功能也为我们如何讲好中国故事提供了思考，尤其是当我们的受众是美国观众时，可以从研究 NPR 的选题中获得启发。

另外，请外国人参与节目选题、制作的整个流程，也是一个讲好中国故事的有效途径，因为外国人对哪些选题能在国外引起关注、怎样表达能在国外激发共鸣更有经验，比如国际台英语中心制作的《英国人眼中的中国》和《这个老外懂好多！光棍节和双十一神讲解》都在国内外引发共鸣。我们了解中国，但是并不了解外国观众对节目的需求。因此，选题策划一定要有对象感，制作团队中必须有外国人。

最后，从事新闻报道还要注意以下三点。

第一，学会当地国家的语言。在报道国外的事情的时候，肯定需要用到外语，学好一门语言是很重要的。

第二，图片比语言更有力量。有一张图片是一个中东地区小学生领取美军士兵给他发的书包。简单的一张图片却暗含了不小的政治意义，反映了世界三个国家的影响力：美国士兵是一个形象，书包是 made in China（中国制造），书包上的奥特曼是日本的动漫。有的时候，照片是不需要用任何语言来解释的。

第三，学习当地文化习俗。每年 12 月份的美国，商店里都是圣诞节的气氛，但无论是店员还是营业员，他们和你打招呼时，从来不会说“Merry Christmas”，他们一般会说“Happy holiday”。美国是一个多民族的国家，在美国说“Merry Christmas”，就会让人觉得基督教比其他宗教更重要。因此，学习各国文化传统是很有必要的。

作为一个国际新闻传播工作者，千万不要怀有偏见。我一直和我们台年轻的同事以及很多学生说，你自以为看了很多的美剧、英剧，你就了解美国、了解英国。但是，电视剧中所表现的美国、英国只是 10% 的美国和英国。真正的美国绝对不是你从美剧和好莱坞电影里看到的美国。作为一个记者，一定要有开放的思维，要随时、随地改变对一件事的成见，只有这样，你才能成为一个好记者。

第 2 讲

从他塑走向自塑

——张勇谈中国国际传播能力建设

从 1993 年进入人民日报国际部开始，他在不同岗位、从不同维度见证了中国国际传播的发展。中国走近世界舞台中央，中国的国际传播能力建设有了长足进步，但也存在明显短板。他曾担任驻美国记者、创办环球时报英文版，努力探索“讲好中国故事，传播好中国声音”，深知打造国际传播能力的难点和痛点。当前，西方依然主导国际话语权，中国的国际形象仍然由西方媒体而不是中国媒体塑造。如何改变这一局面，他的思考或许可以给我们一些启示。

主讲人简介

张勇，毕业于北京广播学院（现中国传媒大学）外语系国际新闻专业。现任中央网信办（国家网信办）传播局一级巡视员、副局长，中国翻译协会常务理事。

2012 年 1 月至 2018 年 7 月，任人民日报社对外部副主任。2009 年 1 月至 2011 年 12 月，任环球时报英文版副总编辑、执行主编。2005 年至 2008 年，任北京奥组委语言服务处处长、翻译室主任。1993 年至 2005 年，历任人民日报国际部记者、常驻华盛顿记者。任驻美记者期间，负责报道美国对外事务。1999 年和 2000 年两次荣膺中国国际新闻奖。他多次随国家领导人出访，报道重要外访活动。

2003 年受英国政府志奋领奖学金资助赴英国华威大学（University of Warwick）学习，获国际关系理论硕士。2008 年，获中国翻译事业优秀贡献奖。2009 年当选为中国翻译协会常务理事。

一个国家的国际形象，并不一定是由本国媒体决定的。比如，美国人一般不会通过中国媒体，而是通过美国媒体来了解中国。中国人也是习惯于通过中国媒体了解其他国家。一个国家的国际形象是由本国媒体和国际媒体共同塑造的。对于大多数国家，本国媒体对国家形象的自塑能力不强，国际媒体的他塑能力却很强。

任何媒体对于国际新闻的选择，都有一定偏好，或者说戴着“有色眼镜”，不可能全面真实地反映某一国家的情况。这是造成国际上存在偏见和误解的重要原因。美国媒体塑造中国的形象给美国的民众，中国媒体塑造美国的国家形象给中国的受众。但是，本国媒体对塑造国家形象还是可以发挥积极作用的。

媒体的国际影响力来自哪里？

中国媒体的国际影响力，目前主要是通过国际媒体输出的，即通过国际媒体的转载和引用实现的。国际媒体的驻华记者，在一定程度上依靠从中国媒体的报道获取新闻信息、政府态度和民众反映。外媒转引率可以作为中国媒体国际影响力的一个指标。

《环球时报》(*Global Times*)

《环球时报》是《人民日报》社主办的新闻时事媒体，原名《环球文萃》，创刊于 1993 年 1 月 3 日，1997 年改名为《环球时报》，单期发行量超过 200 万份。2009 年 4 月 20 日，《环球时报》英文版创刊，进一步扩大了国际影响力。它以理性开放的态度解读新闻，向世界展示复杂、开放、变化的中国。

《环球时报》英文版创立于2009年4月20日，以“尖锐、泼辣、不回避敏感问题”的风格不断拓展报道边界，倡导国际性、专业性和建设性批评，敢讲真话回应民众关切。报纸一创刊，就受到在华外国人社区的欢迎，也受到外媒记者的关注。

《环球时报》英文版给外国读者的印象是，这是一张不一样的报纸，有别于中国其他外宣媒体。它能在短时间形成一定影响力，最主要的原因是它站在巨人的肩膀上，也就是依附于《环球时报》中文版在国内的影响力。中国外宣媒体普遍有一个短板，即对中国国内受众影响力较小，甚至没有影响力。如果一家媒体不能对其国内受众或政治社会产生影响力，外国媒体和受众为什么要关注它？事实上，中国媒体只有在本国有受众、有影响力的情况下，才能真正在国际上有影响力。媒体的国内影响力的溢出效应，就形成了国际影响力。比如，《人民日报》不是一家外宣媒体，但仍然是中国最具国际影响力的媒体，甚至比单纯的外宣媒体影响力更大。《纽约时报》是美国第一大报，自然也有强大的国际影响力。美国使馆高度关注《环球时报》，认为是《环球时报》代表中国民众的声音。《环球时报》中文版的影响力，使得《环球时报》英文版一创刊就具有了较高的关注度。英文版的出现，使得中文版的影响力直接投放到英语世界和国际社会，进一步提升了《环球时报》的国际影响力。

中国媒体的影响力来源，一是权威，二是市场。有的中央媒体，赢利能力不强，主要靠其行政级别或权威地位获得影响力；有的媒体没有国家权威的加持，但有较多受众和较强赢利能力，从而获得较大影响力。《环球时报》的影响力是双轮驱动，既来自其人民日报系的权威，又有市场认可。因此，它的外宣机构有单纯的外宣媒体所不具备的优势。

美国媒体具有强大实力和国际影响力。美国的新闻制度是其政治制度的核心部分，新闻自由受美国宪法第一修正案保障。对美国媒体要一分为二地看。一方面，它在美国国内政治中发挥重要作用。在美国200多年社会发展史上，美国媒体对国家的政治进程产生了巨大影响，比如大家都知道的“水门事件”，是记者扳倒总统的经典案例。最近看美国史，其中讲到美国国父华盛顿在当了两任总统后之所以不愿意连任，是因为美国媒体对他的批评给他造成很大困扰，让他产生告老还乡的想法。这也说明，美国的新闻体制对美国政治起到了有效制约作用，对世界政治发展也产生了积极作用。另一方面，美国媒体在国际报道中，是缺乏客观性和中立性的。在错综复杂的国际政治中，西方媒体将本国利益摆在首位，为其价值观和地缘政治服务，是西方打击不同阵营国家的舆论武器。

中国的国际传播能力建设，是与西方媒体竞争的过程，是双方争夺国际话语权的斗争。二者的价值观不同，服务的主体不同，在中美博弈加剧的大背景下自然产生冲突和对抗。首先是西方媒体在心态上的错位。中国现在发展很快，经济体量达到世界第二，西方国家心态失衡，不能适应这种变化。最典型的例子是关于南海问题的舆论战。南海问题本质上已经远远超过了领土主权和海洋的争执，而变成了两种历史性力量的竞争：一个是美国在西太平洋不受挑战的海空优势，另一个是中国的海洋强国建设。南海问题本质上不是中国与南海周边国家的争执，而是中美之间的争斗。美国前驻华公使、尼克松总统首席中文翻译傅立民曾说，很多美国人坚持认为，中国崛起是最大的威胁——中国一定渴望像二战后的美国那样去主宰世界。其次是西方政府的操纵。美国政府是引导舆论的高手，让媒体为其政治利益服务。“9·11 恐怖袭击事件”后，美国政府对媒体的管控和引导更加深入和有效，引用经历了九任总统的著名白宫记者海伦·托马斯，在《民主的看门狗：没落的华盛顿记者团及其如何失信于民》中写的观点来说明：美国媒体的独立性受到了很大的挑战，媒体成为白宫的传声筒，面对误导公众和通篇假话的政府声明，记者们变成了速记员而不再是考问者。

如何讲好中国故事

“讲好中国故事，传播好中国声音”，关系到提升国际话语权，提升国际影响力，提升国家软实力。

政府要加强与媒体的关系。各级官员要加强新闻舆论工作，乐于与媒体打交道，要善于利用媒体，塑造自己良好的形象。美国官员高度重视与媒体保持良好关系。每一任美国总统都会参加白宫记者的年度晚宴，在这个晚宴上总统和媒体交朋友，保持良好的沟通。只有了解媒体，打好交道，才能更好地传播。

政府要善于利用媒体塑造自己的良好形象。从《美国相册》中，我们可以看到美国总统奥巴马在镜头前的形象是什么样的，这很值得借鉴。我们也有很多成功的例子。党的第一代领导人都从事过新闻舆论工作。毛泽东接受美国记者斯诺的采访，将中国共产党的故事宣传出去。“文化大革命”后，全世界不知道中国接下来要走什么样的道路。意大利女记者法拉奇采访邓小平，提的第一个问题是：天安门城楼上的毛主席像还会挂多久？邓小平说：“永远要保留下去！”这样，邓小平向全世界作了宣示，中国将举什么样的旗帜、走什么样的道路。

政府要公开坦诚讲真话，尊重民众的知情权。“黄浦江死猪事件”，引起上海市民高度关注。政府的舆情应对做得不理想。上海市有关部门人士表示，黄浦江上的死猪漂积，尚未对当地饮用水安全造成大的影响。但这种解释民众并不相信，反而引起群众质疑。积极应对、直面真相，是政府应具备的媒介素养。

政府要加强公共外交和议题设置的能力。1999 年 5 月 8 日，以美国为首的北约用 5 枚导弹从不同角度袭击了中国驻南斯拉夫大使馆。美国政府官员只表示遗憾，而拒不道歉。当天晚上，美国国务卿奥尔布赖特夜访中国大使馆，与李肇星大使进行沟通。大使馆紧急召集中国驻华盛顿记者前来围堵奥尔布赖特。她不得不接受了中国记者集体采访，在讲话中说了“sorry”，算是美国政府的非正式道歉。

> 1999 年 5 月 7 日，以美国为首的北约悍然对南联盟进行轰炸，用导弹野蛮袭击了我国驻南联盟大使馆，造成正在使馆中工作的新华社记者邵云环、《光明日报》记者许杏虎、朱颖不幸牺牲，同时炸伤数十人，使馆馆舍严重损毁。中国政府对此提出最强烈抗议，指出以美国为首的北约，必须对此承担全部责任。7 月 30 日，中美两国代表团在北京就这一事件的赔偿问题达成共识，美国将向中国政府支付 450 万美元作为遇难人员家属和受伤人员的赔偿金。2001 年 1 月 19 日，美国政府向中国政府支付了 2800 万美元，作为 5 月美国轰炸中国驻南联盟大使馆所造成的中方财产损失的赔偿。

媒体也要讲真话，大话、套话、空话要不得。为什么人民日报的微博那么受欢迎，因为其定位就是“权威声音，清新表达”。邓小平曾经提出，为什么西方媒体敢把我们的批评刊登在报纸上，而我们却不敢刊登他们的批评呢？这是值得我们深思的，批评报道是必不可少的。

在建设具有国际竞争力的媒体机构的同时，还要培养知名的具有专业素养的大牌记者。现在我国媒体的实力正在迅速提升，新华社是世界五大通讯社之一，人民日报名列世界十大报纸。我们有一大批优秀的记者，在国内知名度很高，但是还没有世界知名的、有国际影响力的大牌记者和主持人。

最后，用好新技术，加快媒体融合发展。人民日报的纸质版发行量是310万份，人民日报在手机App上的下载量两年内已经达到了1.2亿。这两个数字可以说明，有了新技术，传播力会大幅度提升。媒体融合发展，为中国媒体提供了实现弯道超车的可能，也是中国国家形象从他塑走向自塑的契机。

第 3 讲

国际新闻报道的专业精神与能力

——田冰谈新时期国际新闻报道

在全球传播图景中，国际新闻报道扮演着极其重要的角色，各国重大新闻事件、国际局势变动、各国外交风云、五洲人文地理等，都是媒体报道和传播的对象。因此，对于新闻工作者来说，国际新闻报道既是令人心驰神往的工作，又是充满冒险的挑战。新时代背景下，要推进国际传播能力建设，讲好中国故事、传播好中国声音，向世界展现真实、立体、全面的中国，提高国家文化软实力和中华文化影响力。作为多年来工作在国际新闻报道第一线的新闻工作者，田冰亲历过诸多重大的国际新闻事件，完成了多项主题采访，积累了十分丰富的报道经验，对国际新闻报道有着深入的思考。如何成为一名优秀的驻外记者？如何获取国际新闻线索？如何避开国际新闻报道的“误区”？中国新闻社国际部主任田冰将带你学习专业的国际新闻报道方法。

主讲人简介

田冰，现任中国新闻社国际部主任，毕业于中国传媒大学。其作品《特写：夫人奈娜最后吻别叶利钦》获 2008 年第 18 届中国新闻奖二等奖。驻俄期间，田冰多次参加中国领导人访俄等采访报道，亲临现场采访过 2010 年莫斯科地铁爆炸事件、波兰总统坠机事件、莫斯科森林大火等重大突发事件以及俄总统大选、议会大选、红场阅兵式、中俄联合军演等新闻事件，采访过多位俄罗斯政要人物。多次获中新社好稿奖、总编辑奖、年度好稿奖等。

国际新闻报道对象

国际新闻报道是我们了解世界、认识世界的重要途径，也是提升我国文化软实力和国际传播能力的重要载体，更是争夺国际话语权、掌握舆论主动权的重要平台，直接关系到中国在国际经济、政治格局中的地位、作用和利益。

中新社国际新闻报道对象包括但不限于：重大的国际政治事件；重大的灾难、突发事件；重大的人事更迭和政策变动；与中国有关的国际事件；重要的全球事件、新闻发布；重大的战争、骚乱、冲突等国际事件；重大的政治、军事、反恐、气候、环境、经济、贸易、社会、科技、教育、文化、卫生、体育等事件；他国特别是大国及邻国重大事件；多边国际关系、地区和地缘性政治、国际会议等事件；他国趣闻轶事、考古发现、风土人情、名胜古迹及有人文关怀的新闻等。

驻外记者需具备的品质和能力

1. 政治把关能力

国际新闻报道，要把坚持正确舆论导向、发稿政治安全、避免重大事实性差错放在采编工作首位，要坚定维护国家核心利益，准确把握和维护我国外交政策，统筹国内国际两个大局，遵守我国和驻在国相关法律以及已加入的国际公约。不能人云亦云，充当别人的传声筒和扬声器，坚持真实、客观、公正、中立报道。

2. 语言能力

如果驻外记者没有语言能力，在驻地寸步难行，也无法开展工作，带回有价值的报道。因此，必须熟练掌握英语等国际通用语言及驻在国官方语言。

3. 知识储备能力

驻外记者需要具备广博的国际政治、经济和文化知识，尤其要相当了解当地社会文化。稿件中所使用的概念、提法是否符合相关外交政策、法律界定，是否侵犯民族禁忌，报道角度是否为受众所懂得和接受……这些都需要一定的专业知识储备。此外，还要正确处理文化差异，使用目标受众可接受的语言、思维方式等。

4. 业务能力

驻外作者要掌握的业务能力包括新闻判断能力、策划能力、创新能力、突发事件反应能力、现场新闻采集能力、权威信息获取能力、国际热点分析能力和多媒体传播能力，以及拓宽拓深报道领域的能力。

5. 交际能力

驻外记者不只从事新闻报道，还要从事很多其他工作。很多时候，记者要学会“交朋友”，努力扩大自己的“朋友圈”，这样从事采访报道才会游刃有余。同时，记者还要懂得维护与采访对象的关系，为下一次采访铺路。

6. 良好的身体和心理素质

目前，中新社驻外记者的轮换期限一般为四年。如果驻外期间，记者每天像一张弓那样绷得很紧，长期处于高强度的工作状态，很可能会有断的那一天。因此，记者既要拥有良好的身体素质，也要会工作、会“玩儿”，从而释放压力，全身心地投入下一次采访工作。

心理调适是一个很重要的能力，很多记者在国外工作、生活久了会有一种孤独感。驻外记者工作压力、心理压力比较大，因此，必须要有心理疏解的渠道和方法。此前的乌克兰坠机事件，我们的记者也到达了现场。目睹现场惨状的记者很长时间调整不过来，甚至几天几夜忘不了那种气味，经常在夜里做噩梦。因此，必须要重视心理调适。

获取国际新闻线索的路径

1. 到现场去

美联社记者杰里·施瓦茨在《如何成为顶级记者——美联社新闻报道手册》中特别强调了临场的重要性：“到现场，是最好的办法，没有跟事实的亲密接触，是不会有亲身体会的，对新闻的价值也是认识不准确的；任何新闻都要求记者去接触现实，而且是第一时间赶到现场，这应该成为一种习惯。只有接触了事实，才会有感于事实，才会有写作的动力与激情，才能写出人们觉得真实的新闻。”

对于驻外记者而言，“我在现场”是十分重要的。如果记者不在现场，就没有 100% 自信的发言权，其报道也很难说 100% 的权威。记者只有身在现场，才能获得货真价实的一手新闻线索、新闻素材、新闻细节，这些对于记者准确地判断事态的来龙去脉、精确地预测事态发展动向都是十分必要的。记者在现场应调动自己所有的感官，用自己的眼睛去看，用自己的嘴巴去问，用自己的脑袋去想。这样，我们的报道才更有可读性和可信性，才能体现驻外记者的独特性。

塔吉克斯坦境内中国公司承建的高架线

2013年，中新社组织记者团队赴中亚地区从事“一带一路”主题采访。在塔吉克斯坦首都杜尚别，我们在宾馆办理入住时，宾馆服务员向我们问候了一句中文“你好”。当时我们也没有太在意，觉得服务员在宾馆会遇到各国客人，会说中文很正常。第二天我们到街上去，一路碰到的当地人，从小孩到老人，都用中文跟我们说“你好”，并且很真诚地帮助我们。记者在当地最炎热的季节，顶着骄阳颠簸在数十公里的崎岖山路上，深入中国公司承建的隧道、特变电线路工地等，获得第一手采访资料。在采访我驻塔大使时，通过大使本人的亲身经历得到证实，知晓为何当地人会发自内心地对中国人说“你好”。这个选题不在原本采访选题内，但是我们敏锐地抓住这一“不起眼”的小事。从这个简单的问候语，可以看出当地人对中国的评价；当地人都说“你好”的背后，到底是一种怎样的感情，又代表了什么？水到渠成，我们采制出《“你好”成为塔语词》一稿。这样的报道，如果不到现场，而只是在办公室听讲述、看资料，是不会写出真情实感的。

装甲车突入乌军基地

突发事件更需要记者在现场的敏锐观察能力和灵活的应变能力。在乌克兰东部冲突危机期间，中新社记者曾做过一篇现场报道《未知武装力量十分钟控制乌军军事基地》。从事件的开始，也就是未知武装力量动用装甲车辆撞击乌克兰军营大门，到双方武装冲突，再到事件的结束，完全用纪实的手法予以报道。当时，包括中新社记者在内有多家外国媒体记者在场，大家把看到的一切拍摄下来。但是，这群武装力量完全占领军营后，便把在场的所有媒体记者都“留”下来，并暂扣了采访设备。中新社记者趁着混乱把相机内存卡取下来装进了鞋里，换了张新卡装进相机。当各家媒体被通知可以领设备离开后，大家才发现所有的拍摄资料都已经被删除了，只有我们的记者带出来现场影像。

2. 参加各种“会”

记者参加记者会、发布会、研讨会、展会等时，不仅要关注会议本身，而且可以从里面发现自己想要找的人、想要做的采访选题。比如研讨会中，你对其中的某位嘉宾或者某方代表的发言比较感兴趣，就可以继续追问，做出自己感兴趣的新闻。

3. 官方发布的权威信息

《金线绣出“新丝路”》一稿是在中亚地区“一带一路”主题报道采访期间完成的。记者在行前查询相关材料时，得知我驻塔吉克斯坦使馆为当地捐助的“缝纫培训生产中心”刚成立，主要向当地没有工作的妇女提供学习技能的机会，这不仅为当地妇女提供了家庭补贴，而且提高了她们在家庭中的地位。于是记者专门赴实地采访该中心的学员，通过受访者朴实的语言，以小见大，反映中方在务实领域做实事、做好事，是中国在中亚地区广获支持的重要原因。我们知道，外界对于“一带一路”倡议有很多顾虑和质疑，甚至负面声音。如何用事实批驳、澄清外界的争议和猜测，正是媒体应该做的。不管是大到修建公路，还是小到办一些技能培训中心，都让当地人得到实实在在的帮助。把当地积极参与“一带一路”的实际情况客观展示出来，真实报道中国在“一带一路”建设中做出的努力，才能让更多的人了解“一带一路”，了解中国。

记者只有沉下身子，到街头巷尾去倾听当地民声、了解当地民意、读懂世间百态，才能更加清楚深刻地看待问题，报道才能更加真实鲜活、更有实用价值，从而做到“采访接地气，新闻有灵气”。

塔国妇女正在学习缝纫技术

避开国际新闻报道中的误区

1. 秉持专业精神

在“一带一路”主题报道采访启动前，中新社多次召开跨部门协调策划会，研商采访部署、细化报道方案、共议报道选题、进行专项培训、加强政策学习等，要求报道团队在采写过程中力图做到以下六点，以新闻专业性更有效地引导舆论。

第一，讲清楚“一带一路”的内涵。其主线是经济合作和人文交流，优先是互联互通和贸易投资便利化，方式是平等协商循序渐进，目的是合作共赢，打造利益、责任和命运共同体，为亚洲的整体振兴插上两支强劲的翅膀。

第二，经济和人文都要讲，重点是经济。重点报道“一带一路”是一条经济带，对推动亚洲经济发展有重要意义。

第三，历史和现实都要看，重点是现实。不能简单地寻找历史遗存，重复“郑和七下西洋”的历史故事，要强调通过丝绸之路互通互鉴，实现了商品、技术、人员和思想的交流，促进了不同文明的对话与交融。

第四，强调共建“一带一路”对推进区域一体化的重要意义，将中亚、南亚、东南亚、西亚等各次区域连接起来，使泛亚和亚欧区域合作迈上一个新台阶。

第五，“一带一路”是各国的利益共享之路，不是中国利益独享地带。强调共建“一带一路”是对古代丝绸之路精神的传承和弘扬，并赋予其新的时代内涵，那就是和平合作、开放包容、互学互鉴、携手共进，合作共赢。

第六，“一带一路”是合作、发展的理念和倡议，是一项长期的系统工程，不可能一蹴而就，需要循序渐进、由易到难，以点带面、从线到片，逐步形成区域的大合作。

记者秉持“全面、真实、客观报道新闻”的专业精神，呈现的整组报道集新闻性、文化性、知识性、趣味性于一体，融深度、广度、高度、锐度于一炉，有效地引导了舆论。

2. 提高新闻判断力

2007 年 4 月 16 日，美国弗吉尼亚理工大学发生枪击案，造成 33 人死亡，枪手本人开枪自尽，成为截至当时美国历史上最严重的校园枪击事件。

在警方尚未明确凶手身份的情况下，距离学校数百公里远的《芝加哥太阳报》网络版的一位专栏作者在当天傍晚抢先报道称，“凶手”可能是来自中国的 24 岁学生。她在报道中虽然没有提及嫌疑人的名字，但给出了明确的信息：他在上海获得签证，2006 年 8 月 7 日乘坐美国联合航空公司航班进入旧金山，持学生签证到美国读书。

虽然该报道没有指出明确的消息来源，但由于言之凿凿，美联社等美国媒体引用了这一说法并大肆报道，在全球尤其是华人世界引起轩然大波。直到警方 17 日透露枪击案疑犯为 23 岁韩国籍男子赵承熙，该校英语系四年级学生，真相才揭开。

毋庸讳言，上述假新闻对于受众的伤害、对于华人形象、对于媒体公信力的负面影响是巨大的。驻外记者应遵循“真实是新闻的生命”的最高原则，坚守职业道德，提高新闻判断能力，要有质疑的勇气、独立思考精神和求证精神。

3. 中新社规定的消息源使用八大原则

（1）任何一篇新闻报道中，都必须明确交代消息来源，确保其真实可信。

（2）记者必须通过合法途径和正当手段获取消息源。

（3）新闻越重要、越敏感、越复杂，就越需要记者采访核实更多的消息源，以不同消息源相互佐证，不可依靠单一消息源；重大事件发生时，记者要通过两个以上消息源证实新闻的真实性、准确性。

（4）一般情况下，要提供消息来源的全名，确认消息来源身份所需要的信息，包括消息提供者的姓名、职务、所在机构的名称，必要时要提供其专业背景，以解释其可信度；没有充分匿名理由时，禁止使用“消息灵通人士”“可靠人士”“有关专家（学者）”“观察家”“知情者”“某先生/女士”等作为消息源表述。

（5）特殊情况下，如个人隐私或人身安全受到威胁等原因，确需为消息源匿名的，可使用匿名消息源，但必须在报道中或文末注明理由。使用匿名消息源之前，必须对匿名消息源的可信度、动机及保密程度进行评估，以确认播发该消息的必要性；至少有一名总社编委知晓匿名消息源的真实身份；对重要、敏感信息，应尽可能获取第二个独立的消息源或其他证据，来证实消息的可靠性。

（6）切实防止被消息源利用或欺骗，采编人员要注意消息源的利益诉求，不与其发生经济关联或纠葛；对于单一、匿名、非权威的消息源，在确认其信息的真实性、准确性之前，不得在新闻报道中使用；禁止使用匿名消息源进行人身攻击；凡容易引起争议的事实或言论，不得使用匿名消息源。

（7）来自境外媒体的消息源或者新闻线索，要谨慎使用。

（8）因消息源使用不当导致新闻报道失实，应及时更正或澄清，并向受众及相关机构或者个人公开致歉。

核实、求证新闻，一定要采集权威消息源，如向权威部门求证，但权威消息源不限于官方消息源。对重大新闻，应尽可能得到两个以上消息源的证实；对存在争议的新闻，应尽可能得到三个及以上消息源的证实。网络信息只可作为获取消息源的辅助信息，不得作为正式的消息源。获取消息源的正确做法是，直接向当事人、目击者、当事机构或相应权威人士/机构求证，且对求证信息做录音录像或笔录备查。当两个或以上消息源提供的信息相互矛盾时，不能采用单一消息源，有责任如实、客观报道其不一致，提供足够信息供受众评判。

国际新闻包罗万象，从国家大政、国际风云的宏大叙事，到个体生活的喜怒哀乐；从阳春白雪，到下里巴人，都是题中之义。该如何选取？应怎样传播？在“全媒体”时代，如何最大限度地“到达”受众？这些都是需要我们认真思考和探索的。

第 4 讲

得媒体者得天下

——李若谈美国大选与媒体关系

在美国，政治态度是一个比较私人的话题，只有关系比较近的朋友之间，才可以谈及此类话题。在美国大选结果出来前的一个酒会上，一位绅士走向朋友轻声问道："总统的选票你打算投给谁呢？"这位朋友原本还在谈笑风生，这时走到一边压低了声音说："特朗普。"这位绅士也压低了声音说："我也是。"似乎被别人知道投选票给特朗普，是一件不那么光彩的事情。

2016 年美国大选，在 10 月份之前，希拉里的选票还一直大比分领先特朗普，然而最终入主白宫的却是特朗普。

为什么在美国的政治博弈中出现这样的改变，"得媒体者得天下"的命题错了吗？

主讲人简介

李若，1987 年毕业于北京广播学院[①]。1991 年起任美国国家广播公司电视摄影记者，洛杉矶地区每一次重大事件的历史画面都被他的摄影机捕捉到：从洛杉矶暴乱到北岭大地震，从辛普森案到南加州森林大火，再到每年的奥斯卡颁奖、重要球赛，他的代表作有《战火中的儿童》《美国铭记 9·11》等。

李若曾两次奔赴战争前线，2001 年，参与阿富汗战争的全程报道，2002 年，在阿富汗难民营拍摄的《战火中的儿童》专题新闻节目夺得第 54 届美国电视艾美奖“最佳新闻特写奖”，成为第一位获得艾美奖新闻摄影奖的华人；2003 年 2 月，李若再次随军去伊拉克前线采访拍摄。

2012 年，他凭借《美国铭记 9·11》再次入围“艾美奖”。2014 年，他的两项新闻作品再次入围“艾美奖”，其中一项关于旅游大巴安全的深度跟踪报道“In Harm’s Way”脱颖而出，获得“最佳调查新闻报道奖”。

李若密切关注美国政治，曾七次全程参与美国大选报道。

两次艾美奖

早在 2001 年，我以战地记者的身份前往阿富汗，此前还专门进行了一个多月的军事训练。在阿富汗战场上，所有新闻人员属于自由人，不受美国军方保护；而伊拉克战争期间，美国新闻人员随美军出发，受军方保护，每天都戴钢盔、穿防弹衣，防毒面具 24 小时不离身，每天晚上和士兵一起住在军营里。相比较起来，历经五星期的阿富汗战争更具危险性。

阿富汗战争时，我和几名记者一起出去采访，在阿、印、巴边境遭到

① 现中国传媒大学。

一伙人袭击绑架，我灵机一动说自己是中国医生，另外两位白人同事是澳大利亚医生，黑人同事是南非医生，都是联合国派来的，并说自己的父亲曾随中国工程兵参与了中巴公路的修建，对方信以为真才放了我们。当时华盛顿特派记者身上还带有美国驾照，差点儿被对方发现，如被发现，后果不堪设想。

为了保护自己，我曾花 40 美金买了一支霰弹枪，每天出去采访时都背着，后来还买了一把手枪随身携带以防不测。这种每天出去面临着地雷、散兵、暗弹、绑架，随时会有生命危险的日子，至今回想起来仍有些后怕。其实我一点也不勇敢，两次赴前线令人感触至深，经历了战争，面对过死亡，更觉得生命可贵。

在阿富汗战区进行战地采访期间，我经常把镜头对准难民营里可怜无辜的孩子们。刚开始是为自己的儿女所拍，想让他们看看，世界上真的还有与他们同龄但正在挨饿受冻的孩子。后来我把摄影带传回电视台播放，效果很轰动。这些近距离拍摄的珍贵镜头被制作成一个短纪录片，名为《战火中的儿童》，摘得第 54 届艾美奖。

2012 年，我们团队的报道作品《美国铭记 9 · 11》再次摘得艾美奖。采访团队从洛杉矶出发，先后七天驾车横跨美国。一周的行程中，沿途采访民众，同时通过对“9 · 11”遇难者家属、普通大众以及前任总统布什和现任总统奥巴马的采访，全面展现“9 · 11”十年来美国人的心态和世界观变化。两次摘得艾美奖，却是完全不同的时空。第一次是战争的开始，采访现场是战火纷飞的战场；第二次是在平静的美国国土，但美国民众十年间的心理巨变，有如经历了一场战争的洗礼。

电视辩论改变总统大选？

1960 年 9 月 26 日，尼克松和肯尼迪进行了美国总统竞选历史上第一次电视辩论。尼克松当时是副总统，而约翰·肯尼迪不过是马萨诸塞州一名资历尚浅的参议员。此前许多人认为这将是一场“一边倒”的竞赛，经验丰富的尼克松肯定会胜出，但电视屏幕却改变了一切。

当时，尼克松刚动过膝盖手术，脸色苍白，身体消瘦，还发着烧；而肯尼迪则刚刚参加完加州竞选活动，肤色黝黑，活力四射。电视辩论开始前，两人都没有请专业化妆师化妆，但肯尼迪的助手帮他简单地“润了润色”，尼克松则随便抹了点男用粉底霜，这样的随意，结果使得尼克松在电视上显得脸色更加苍白。

如果人们在广播中收听这场辩论，会认为两位竞选者旗鼓相当，不分高下，但电视观众们看到的却是另一番情景：一脸憔悴的尼克松与活力四射的肯尼迪。当年参加现场直播的桑德尔·范奴克回忆说：“我注意到副总统嘴唇附近满是汗渍，而肯尼迪则非常自信，光彩照人。”两位候选人的对比如此鲜明，观看电视直播的 6500 万美国人，几乎立刻就能决定要把选票投给谁。

此后两人又进行了两场电视辩论，但已经无关紧要了。美国东北大学专门研究总统辩论的新闻学教授阿兰·施罗德指出：“肯尼迪在第一场辩论中就确立了压倒性优势，尼克松想要翻盘是极其困难的。”

大选过后，肯尼迪也表示，如果没有电视辩论，自己很难入主白宫。肯尼迪也成为美国总统大选电视辩论正式举行以来的首位赢家。

2008 年的选举，几乎肯定是民主党候选人获胜，奥巴马与同党竞选人希拉里之间的竞争成了本届热点。在 18 个月的竞选中，两人共进行了 22 场电视辩论，其中最热门的一场吸引了超过 890 万观众。在 2016 年，仅在共和党内部第一场初选辩论，就吸引了 2400 万观众，是 2008 年最重要一场辩论的 3 倍。

从 1960 年，美国首次举行总统大选电视辩论起，经过多年的发展，总统大选电视辩论已经成为一种重要仪式。作为总统大选中的关键环节，电视辩论使普通大众可以了解候选人，扩大了受众关注度及参与度，使竞选辩论成为凝聚观众共识，提供选民参与大选的仪式感平台。

当下很多人都在唱衰传统媒体，甚至说“电视死了”，然而电视仍有其独特的优势，在历届美国总统大选中，电视媒体也起到了巨大甚至决定性的作用。

“得媒体者得天下”错了吗?

美国媒体与美国政治、美国政客之间有着千丝万缕的联系。

美国建立在资本主义私有制的基础之上，政治常为金钱所左右。2004年小布什对凯瑞的竞选活动，花费近7亿美元；2008年奥巴马对麦凯恩，花费超过10亿美元；2012年奥巴马对罗姆尼，花费突破26亿美元；2016年特朗普对希拉里，花费也超过26亿美元，略少于上一届，其中希拉里的花费远远多于特朗普，两人在每张选票上的花费比例大致为28 ∶ 18。美国总统选举资金，55%花在媒体宣传上，这也是选举中最大的开销；第二大开销是人事开销，19%。在这样巨额的资金投入的竞选中，以及选举人票制度下，普通民众发挥的作用极其有限。

2016年大选，希拉里得到了美国几乎所有传统老牌电视媒体的袒护和支持，却没能入主白宫，“得媒体者得天下”，似乎成了一个错误的命题，问题出在哪儿呢?

问题出在媒体上，也出在特朗普这位与众不同的政客身上。其实，早在2012年时，特朗普便提出要参与竞选总统，但当时与他在NBC电视台主持节目工作冲突，他被迫放弃了竞选。2016年，特朗普重整旗鼓，但大家最初都不太看好他，连共和党内也阻力重重，但他步步为营，连续击败共和党内其他16位竞争者，最终迎战希拉里。

2016年美国大选中，希拉里看似得到了传统电视台的大力支持，最终结果却输了，是因为现在已不是传统媒体一揽天下的时代了。

特朗普每晚在推特上发一些让传统政客跌破眼镜的话，用 140 个词表达自己的愤怒，表达对主流媒体不公的抱怨，每一次发送便获得 2800 万关注，这样特朗普便利用新媒体，打破了传统媒体的垄断。如果说传统媒体倾向保护希拉里，不管是邮件门还是希拉里基金会，播什么与怎么播，都筑起了一道道防火墙来保护希拉里；特朗普则利用新媒体打穿了电视对希拉里的保护墙，普通民众的声音可以通过网络，通过新媒体直接表达，这是多么令人振奋的事情，特朗普深谙个中缘由。如果特朗普没有使用推特，很可能不会获胜。

这样看来，“得媒体者得天下”的命题依旧是成立的，而且有了新的含义。新媒体战胜了传统媒体——报纸、杂志、广播电视。

传统媒体的影响力还在吗？

现在报纸越来越少，杂志几乎从政坛消失。我现在居住的房子在一个山坳里面，十几年来，每天早上必读《洛杉矶时报》。我住在街道的最后一间房子，最初的几年，是卡车运送来报纸，挨家挨户放下，最后发我家的报纸；最近几年，运报纸的车变成了电瓶车，直接开到我家门口，放下报纸，转身就走了，因为其他几家都已经不订报纸了。从一条街看起，报纸的消失就是这么快。

目前在美国，有主流影响力的报纸大概有五家，报纸对居民的社区生活还有影响力，对传播性的政治以及具有国际影响力的事件却几乎没有影响力。报纸的采写制作、印刷、派送都需要时间，然而在此期间的网络上、手机上、电脑上、新媒体上，这件事早已经炒热炒翻，报纸显然输给了新媒体的快节奏。现在，报纸中还有一定影响力的，比如《纽约时报》《华盛顿邮报》《华尔街时报》《芝加哥论坛报》《洛杉矶时报》，称得上报业主流媒体，杂志社已经不存在，它们转为新媒体形式，比如《时代周刊》和《新闻周刊》，它们有非常好的撰稿人，改以网络的方式传播，但是除非有特别关注的民众，其影响几乎可以忽略不计了。

1995年，被称为“世纪之审”的辛普森案件，证明了有线电视节目影响之大。当时CNN全天候播出一个案件，请各种专家进行分析，CNN的报道在当时独占鳌头，包揽大批受众，这也刺激了其他媒体的进步。于是竞争者也慢慢出现，比如NBC与微软合作创立的MSNBC，澳大利亚的竞争者成立FOX，FOX目前收视率最高，因为他们更敢于说实话，而CNN和NBC的节目则有所保留，在有些问题上有所回避，有意偏袒民主党。例如，希拉里在一次演讲中提到“关于刺杀本·拉登一事，奥巴马团队内部产生了分歧，奥巴马正是采取了我的建议，才刺杀了本·拉登”，这句话的言外之意是，奥巴马团队中原本是反对刺杀本·拉登的，希拉里的建议为美国人民除了一害。然而实际上当时美国政府已经确认要刺杀本·拉登，但是就具体刺杀执行的方式出现了不同意见，而不是如希拉里所说的是否要刺杀的分歧，这一点上希拉里有意模糊事实、误导民众。我收集好资料找到电视台阐述了观点，却收到回复说，这样报道出去会对民主党不利，此事便不了了之。

在20世纪80年代末，有线电视作为当时的新媒体出现，之后美国形成了传统三大电视台：ABC、NBC、CBS。三大电视台总部设在纽约，以全国联网的方式，在全国大小城市，不论是直营还是加盟，都有各自的实体台。抛开体育和娱乐节目，只从主流联播新闻节目来看，每晚 700 家电视台，在全国 700 多个城市中连续播放，每晚 6 点半到 7 点，抢夺 2400 万观众。除了新闻播报类节目之外，周三周四晚上会有一些比较严肃有深度的新闻调查访谈类节目。

现在，美国电视媒体通过节目渗透着对政局的影响。在 2016 年的大选中，电视媒体也同样重要。

特朗普当选后的第一件事就是接受 CBS 的 60 分钟节目采访，因为他仍然需要借助他“痛恨”的主流媒体替他向一部分受众发声，表达他的政见。此外，每周日早 8 点，每家电视台都有一档严肃政论节目（Sunday morning political talk show），最初是 1946 年 NBC 最先尝试的，Meet the Price 这些政论节目对美国社会产生了深远的影响。

媒体与总统的关系怎么样？

媒体与总统的关系很微妙，善于利用媒体的总统一定是一个成功的总统，例如富兰克林·罗斯福、里根、克林顿、肯尼迪，他们都是媒体的宠儿。

罗斯福利用媒体与民众直接交流，最著名的是炉边谈话。每周罗斯福在广播电台前亲自向国民阐述国策，从经济萧条的调节到扶民政策，从加入二战到为何经济封锁日本、支持中国等。罗斯福通过媒体与百姓交流，使美国度过了 20 世纪历史上最艰难的经济大萧条和二战。罗斯福总统善用媒体，并成功使用媒体，也使他成为美国历史上最成功的总统。

1945 年 4 月罗斯福突然病逝，副总统杜鲁门临危受命接任总统，媒体的报道十分不客气，甚至有一家主流媒体将罗斯福逝世称为“两个灾难降临到美国人民头上”，第一个灾难是罗斯福总统去世，另一个灾难是杜鲁门接替总统一职。杜鲁门在任期间也有一句政治名言："永远不要相信报纸上告诉你的话。"

政治新星尼克松与艾森豪威尔结成竞选伙伴时，经历了第一个电视事件"跳棋演讲"（Checker speech）。竞选对手称，尼克松私自挪用竞选经费，面临出局危险的尼克松，坚持要在离开前将事件澄清。于是，共和党帮助尼克松在NBC电视台买下半个小时时段，就经费的使用做说明。尼克松就经费的每一笔来源和使用情况做了详细介绍，此外他还话锋一转，提到在竞选过程中并非完全没有接受无偿捐赠。他说自己的小女儿很喜欢小狗，但是一家人忙于各地演讲竞选，没有时间养狗，有热心的听众就送了一只黑白相间的小狗给他们，取名Checker，女儿非常喜欢这只小狗。尼克松说，不管对方如何攻击他，如何污蔑退还18000元经费，什么都可以归还，但是这只小狗坚决要保留，因为女儿喜欢！在这一声明之后，舆论发生了逆转。美国民众反而觉得尼克松是一个有爱心的政客，是一个有血有肉的政客，对他的好感度和支持率飙升，而且民众坚决要求保留尼克松，艾森豪威尔的民调支持率也因此迅速上升。这次选举，电视媒体首次在政治活动中起到了扭转乾坤的作用，也是媒体对政治影响的力证。

肯尼迪是媒体的宠儿，他的一言一行都受到媒体的关注，从他开始竞选，到1960年与尼克松的电视辩论，再到1963年11月22日遇刺，一直受到媒体关注。肯尼迪遇刺后，三大媒体进行了连续四天的报道。这次报道至今仍是美国历史上，除"9·11恐怖袭击事件"以外的，最大的媒体联合报道的行动。

约翰逊总统曾说他不喜欢媒体，媒体也不喜欢他。接替肯尼迪上任的约翰逊总统本可以竞选连任，但是最终放弃了。越战期间，北约对南越进攻，南越损失惨重，美国也损失惨重，CBS主播以评论员形式对此做了报道，使约翰逊失去美国民众对他卷入越战的支持。于是他在3月决定放弃连任竞选，他说："我失去了CBS，就等于失去了半个美国。"克林顿遭遇"性丑闻"时，CNN为克林顿摇旗呐喊，使克林顿安全度过"性丑闻"，成为一位成功的总统。媒体的报道显然早已开始影响美国的政治走向。

在美国的政局里，总统若能善用媒体，同时媒体也愿意向你“投降”的话，总统的政见就如水到渠成一般。因此，想要读懂美国政治，必先了解政府与媒体之间千丝万缕的联系。

第二部分

发掘新闻　在地经验

第 5 讲

你所不知道的经济报道

——张勤带你探索电视经济报道的节目制作

经济报道是传播经济信息的一种报道形式，但由于我国传播环境特殊，经济报道并不等于经济新闻。在经济信息的报道方式上，报纸、广播、电视和新媒体各有十八般武艺，而电视报道具有声画并茂的传播特点，电视的经济报道节目应当如何制作，才能让枯燥的数字和政务信息生动起来呢？就让张勤为我们解答吧！

◤ 主讲人简介

张勤，1999 年进入（原）中央电视台工作，现任中央广播电视总台新闻中心制片人，清华大学博士，高级编辑；入选文化名家暨“四个一批”人才。她拥有丰富的采访经历和大型节目组织策划经验，是央视《新闻联播》

重大经济报道和多部政论片的担纲者。

代表作品：《将改革进行到底》《必由之路》《数说命运共同体》《一张图引发的改革》等，荣获“五个一”工程特别奖、中国新闻奖、中国广播电视大奖，获评全国先进新闻工作者，两度获评央视十佳人物。

每每讲到经济报道，大家可能都会认为它戴着专业的面纱。其实经济报道和每个人的生活息息相关，它是现代人在现代社会中生存的基本信息需求。我国的传播环境和媒体的功能属性，决定了我国媒体的新闻属性和价值。我们国家的经济报道并不等同于经济新闻，那么什么是经济报道呢？不同的经济报道的对策应该是什么？如何才能做好经济报道？如果想要从事经济报道的工作，需要具备什么样的思维方式呢？

经济报道是什么？

我国的经济制度是中国特色社会主义市场经济制度，在这一环境下的媒体也不是典型的市场经济下的社会化媒体。以中央广播电视总台为例，它不仅拥有媒体属性，而且承担了重大战略沟通、政策宣介等多方面的责任。特殊的社会环境构成也让中国经济报道呈现多元化发展特点。

经济报道有以下四类。

1. 资讯类报道

资讯类的经济报道包括汇率、利率、股市等一般市场走势消息，以及各级政府发布的相关政策，例如中国人民银行调整利息，财政部调整股票交易印花税等。其中，资讯类经济报道中的大量数据与人们的生活紧密相连，比如GDP，GDP每提高一个百分点就意味着有1300万个新增就业机会，这将影响当年所有毕业生的就业情况，进而影响1300万个家庭；我国统计局每月9号左右会发布CPI物价指数，与它紧密相连的是币值问题。央行的重要功能就是要保证币值稳定，这样人民钱包里的钱才不会“缩水”。

2. 经济新闻

以经济的视角报道和解读一般类新闻。2013年1月雾霾问题刚刚受到关注，当时的节目几乎都是从道路交通、生活疾病等方面进行报道，将其归因为环境事件。但其实雾霾问题背后反映了一个国家的国民生活方式，还反映了一个国家的生产方式，所以当时央视第一次选用了从发展方式的角度看待雾霾问题，在《新闻联播》中率先播出了一条观察类新闻《下一次雾霾有多远？》。

3. 解读沟通类报道

此类报道是一种解释性报道。例如，《新闻联播》推出的《数说命运共同体》《数说“十三五”》等战略沟通性报道就是用电视化的手段、大众化的表达，将“一带一路”倡议、“五年规划”这些国家重大计划做成观众可知可感的信息，从而有效引导社会预期；还有一类沟通性报道是用于及时解释中央一系列重大的新判断，做好与社会各界的沟通。例如，2014年《新闻联播》推出的“新常态　新征程”系列报道，对习近平总书记关于“中国经济发展进入新常态”重大判断进行解释性报道。片中对我国经济增速回落有一个形象的比喻，节目称经济增长就像人的生长，人在20岁以前身体会快速成长，但到了一定程度身高体重就会趋于稳定；如今的中国已经是个成年人了，有着庞大的经济体量，再维持高速增长是不可能的，经济增速有所放缓是正常现象。对重大战略、重要政策进行准确、形象的解读和沟通是当前和未来经济报道非常重要的一项工作。

4. 经济成就类报道

经济成就类报道又称为主题性报道，这是主流媒体的一项重要任务。通过展示重大工程的进展、重大民生问题的解决、重要经济领域的成果来凝聚、发展正能量，营造积极健康的社会氛围。例如，2017 年春节期间，《新闻联播》推出的系列报道《厉害了，我的国》就是成就类报道。

经济报道的传播对策

1. 资讯类

对于资讯类报道而言准确是第一位的，再则是力争快速，重大消息必须抢到首发。传统媒体很难与灵活的新媒体一争高下，但是重大消息的报道要提前做好准备，努力做到多方沟通联系，力争快速。

2. 经济新闻

经济新闻需要力求增强报道的前瞻性、重大性和故事性。《一张图引发的改革——“万里长征图”震动广州》这一节目的报道引起了强烈的社会反响。2013 年，简政放权是改革的重要措施。2013 年初，我们团队就在思考这一选题该怎么做。三个月之后，记者发现了一张图——行政审批的“万里长征图”，以及整个广州围绕这张图正在推进的行政审批制度的改革。该项改革一经报道，产生的社会影响很大，各大媒体都进行了跟进。后来李克强总理将其定义为推动改革的重大事件。此外，优秀的题材要用优秀的故事性表达才能成就优秀的经济新闻。

3. 解读类

解读类经济报道不能做得太复杂，力求简洁明了，并且需要深入理解国家政策后才能更好地解读政策。

4. 成就类

一个优秀的成就报道本身就应该是一条好的新闻。这类报道要用大家最能够接受的方式讲述，实现观众对国家富强和社会进步的共鸣，这才是记者最成功的实践。例如，2018 年春节《新闻联播》播出了《汉语“中为洋用”正成英语国家新趋势》这样一条新闻，背后折射的是中国在国际交往中软实力的提升。记者通过拼音逐渐替代英文翻译，成为英语世界的外来词这一新现象来完成了这条报道，报道角度和事实都具有新闻性，因此该报道更易于受众广泛接受。

如何做好经济报道

经济报道无论是内容还是形式都要做到好看，这是经济报道发展的必然趋势。同时，有价值的选题才值得报道，有前瞻性、有投资指导意义的好选题才会让人有观看的欲望。从表达方式上来说，经济新闻区别于一般事件类报道，有一定的门槛，在方法上有一定的考量和设计，在选题已经限定的条件下，找到冲突、构建故事是最好的报道方式。

1. 内容故事化

以 2014 年 12 月 8 日央视 13 套《朝闻天下》的《月坛南街 38 号的变化》为例，可以看出内容故事化的具体实施流程。2014 年底，发改委推出了简政放权的一系列行动。他们把所有项目的审批权限发布到网络上，在院内开办了一个办事大厅。（原）中央电视台与发改委多次交流后，梳理出报道的矛盾点——首要问题就是办事者平时根本进不去发改委的部委大门。所以，这条新闻就从“进门”切入，很直观地展示出政府部委改革的成效。

2. 建立视觉符号

经济类报道想要被人记住就需要借助一个视觉符号，这个视觉符号就是具象的事物，能带领观众跟着报道的思维和节奏走。前文提到的“万里长征图”就是一个视觉符号，通过这张图，一步一步分解一百多个审批项目哪些是合理的，哪些是不合理的；如果要精简审批流程，哪个阶段哪些流程需要压缩，如何压缩。观众跟着这张图完完整整地感受了审批全过程后，想不留下深刻印象都难。因此，针对这样一张图节目组就做了三集报道。如果没有找到“万里长征图”这个外力来冲破界限，这条报道可能不会有后来那么大的影响力。

3. 场景化处理

在经济报道中增加场景化的设计也能给观众留下深刻的印象。由于当下互联网领域一直在研究“场景”这一话题，并号称哪里有场景哪里就有流量，所以大家总在研究场景中的消费行为和消费习惯。其实经济新闻也有场景的表达。经济报道中的场景化就是把你想表达的东西进行视觉形象化呈现，通过这种最生动、最抓人眼球的方式，给观众留下深刻的印象。用主持人在跑步机上跑步的配速变化来比喻世界经济发展的速度变化就是一种场景化设计。“经常跑步的人都会有一个经验，每当你快速冲刺一段时间以后，就会面对接下来的后劲不足，很疲惫，现在全球经济也是这个状态。”这是 2016 年 9 月 1 日《朝闻天下》系列报道《解码 G20》中的央视记者劳春燕一边在跑步机上快跑一边说的话。虽然这是一个很朴素的表现方式，但只要调度得足够精准，同样能准确达意，并不一定需要用到 VR 或者 AR 之类的技术。

做好经济报道的思维方式

1. 横向思维与纵向思维

什么是横向思维？如果想要清晰地理解中国经济就不能只看中国经济自身，而要看全球各个国家的经济状况，例如美国、英国、德国，乃至印度。在前几年，我们关注世界经济更多的是看美国，而未来几年我们还要关注印度。此外，一些国家的经济行为也可能影响中国经济，例如德国现在实施的“工业 4.0”可能会影响中国智能制造业的升级；美元汇率的问题一直实实在在地影响着人们的钱包。现在，中国已经是全球第二大经济体，中国的事情不再只是自己的事情，所以大家在思考问题的时候要有一个横向的坐标树立在脑子里，要学会看国际大环境的整体情况。

那什么又是纵向思维呢？其实就是要明白这个国家是怎么走过来的。中国和英美等西方国家不一样，不能用评判西方经济的标准来衡量中国经济，也不应该用纯粹的西方经济架构来思考中国问题。《金融时报》《华尔街日报》等西方财经媒体刚刚进入中国时，都习惯按照西方经济学理论来分析中国经济，更多地关注于财政政策和货币政策，因为这些是西方最重要的两大政策，却没有从产业政策出发去考量问题。经过一段时间的观察后，他们发现这样的方法并不正确。他们发现中国最重要的宏观部门既不是财政部也不是央行，而是发改委，这就是中国历史发展轨迹中不可忽视的特点。

2. 由此及彼、广泛联系

“由此及彼、广泛联系”是哲学中“联系观”的观点，意思就是一些看似孤立的事物背后，可能有着很强的关联性。因此，在认识事物的过程中应该尽量以更开阔的视野去了解现象背后的东西。孙玉胜《十年：从改变电视的语态开始》中对于深度报道的定义为：深度报道不是艰深的话语和生涩的表达，而是观众所感受到的深刻。深度就是对事实的占有，对深度的追求，就是获得更多的事实，并建立事实存在的背景，从背景中寻找新的事实关联和对事实的解释。

3. 转化思维

经济报道和一般性报道存在一些区别。经济报道的第一个要求是“说得对”。在报道前必须确保你对经济信息的理解是正确的才能进行传播。第二个要求是“说得好”。就像前面提到的，进行经济报道时尽量去找一个视觉符号，或者对内容进行产品化设计。“说得对”和“说得好”是经济报道所需的两个转化技巧，如果不对内容进行转化，传播就是无效的。

经济报道的学术延伸

学界仍然对经济报道进行着各种各样的研究。北京工商大学艺术与传媒学院新闻系副教授范敏对数据新闻和经济报道有这样的“颠覆性”思考：大数据的特点及其技术的运用给经济报道带来了契机。“全数据”分析而非“样本”分析模式，意味着借助日益强大的数据采集系统，经济报道的数据源和数据量都将极大丰富，对事物整体性和相关性的展示将更加全面，其独立性也将显著提高，有利于尽可能地减少分析判断的失误。当然，让数据自己“发声”有可能带来经济报道制作方式的巨大变革，甚至可能冲击职业记者的地位。此外，随着大数据应用的推广，淘宝网、当当网等拥有自己的数据库、数据分析系统、庞大的客户群、多元化的信息发布体系、日渐完善的订制服务的电商，是不是也在分担传统大众传媒概念下经济类媒体的部分业务，甚至还比传统媒体做得更好？[1]

经济报道的业务性强，相对于学界，业界对于经济报道提出了更多经验性意见。（原）中央人民广播电台的蔡万麟和丁玲娜对经济报道的要求如下。

1. **思考要深，研判要准**

经济报道专业性要求高，舆论环境复杂，从事经济报道的人员要格外注重学习积累，练就扎实的基本功。只有这样，才有助于在司空见惯的经济现象中发现趋势、发现问题，在纷繁复杂的经济大势面前正确判断、精准把握。如果连准确都做不到，何谈深度，又何谈公信力、权威性？

2. **角度出新意，新意显深度**

深度不等于篇幅浩大，尤其在互联网条件下，信息海量丰富。所谓深度，往往体现于对现有基础上延伸创新的思考与把握，尤其是立意角度的新锐。角度的选取就是一个深入思考、深度开掘的过程。超越人云亦云的平庸，见人所未见，道人所未道。经济之声2013年度推出的系列报道《深水闯关》，八组稿件分别从财税体制、医疗卫生体制、土地制度、行政体制改革等多个热点着眼，剖析改革难点，篇幅不长，却在宏观驾驭和微观挖掘中体现了独到的角度和深度。

3. **高度和广度体现深度**

媒体融合的趋势，使传播渠道和载体越发丰富和多元化，获取报道的线索也取之不尽，媒体对信息的获取、加工、处理不能再局限于单向思维，必须拓展思维空间，拓展媒体资源，尝试多终端、多维度传播。在报道线索的获取端，就以广度、宽度取胜，在报道加工阶段，对广泛占有的资源进行深度挖掘，最后借助各类传播平台广泛传播，各个环节到位，经济报道就会显示出思想深度。

---

① 范敏.从“数据”到“大数据”：对经济报道及媒体的几点“颠覆性”思考[J].新闻与写作，2013（11）.

4. 要深入浅出地报道

浅出是思考深入的产物，深入之后的浅出必是深入思考的结果。不深入不可能浅出，不深入的浅出必然是浅薄。经济报道尤其要注意这一点。深入浅出的表达符合受众的收听习惯，是让经济宣传直达听众的基础。深入浅出，也使表达富有吸引力和感染力，从而产生持久的传播力。

长江日报社的李建华早在 2004 年就对经济报道的基点提出了自己的意见。他认为受众对经济报道的基本诉求在于有用，希望经济报道让自己增强决策理性，把握经济形势和市场机会。经济报道的受众十分广泛，他们主要借助政策解读、走势判断、问题分析等方面的经济报道做出决策。受众对经济报道的品质要求是专业化水准、通俗化表达。两者结合得好，才能有效地服务于广大受众的经济决策。积极应对有用性需求，提高经济报道的有用性，有利于媒体增强影响力和竞争力。

第 6 讲

新媒体时代，怎样找到新闻的最后一张拼图

——刘万永谈实用的业界采写编教程

调查报道具有很强的生命力，即使当新闻变成旧闻，其认识价值和文本价值仍历久弥新。身为《中国青年报》的前调查记者，刘万永在二十多年的工作中做到了这一点。“藏獒”是他公认的绰号，“有血性”是公众对他的评价。由于长期坚守在新闻一线并采写了大量具有广泛影响的报道，刘万永被评为 2010 年中国青年报“年度最佳记者”。

2009 年，刘万永采写了《公安局政委女儿冒名顶替上大学》；2010 年，他采写报道《“真凶”现身三年后，“杀人犯”仍在蹲大狱》《一青年举报同学公务员考试作弊遭跨省抓捕》，产生了巨大的社会影响；2011 年采写的《公安部处长洗冤录》，编辑的《宋江明求职验血记》等。这些报道为社会弱势群体伸张了正义，推动了相关制度的完善。

“他是一个天生的斗士，向不公宣战是他的信仰；他是一个悲悯的义士，为弱小呐喊是他的本能。他留下的那些文字，给了我们藐视黑暗、追求光明的勇气。”这是2009年刘万永被腾讯网评选为“‘回响中国’年度致敬之教育记者”时的颁奖词。在一篇篇给予我们勇气的报道背后，是刘万永作为一名调查记者在寻求真相路上的坚持和不易。

主讲人简介

刘万永，第十二届长江韬奋奖（2012）获得者，中共十八大代表，高级记者。1996年毕业于河北大学，1998年毕业于中国新闻学院，同年到中国青年报工作。曾任《中国青年报》特别报道部副主任、深度调查部主任。

刘万永曾写过《一个退休高官的生意经》《公安局政委女儿冒名顶替上大学》,《一青年举报同学公务员考试作弊遭跨省抓捕》《公安部处长洗冤录》等报道，受到社会广泛关注。

2019年2月，刘万永从《中国青年报》辞职，告别媒体。

2009年5月5日，《中国青年报》发表了我的报道《公安局政委女儿冒名顶替上大学》。2009年6月30日，教育部发出通知，在全国范围内清查高校中同名同身份证号的学生学籍，称“不排除有冒名顶替者”。

稍后，一些高校推出新措施，在录取通知书上加印被录取学生的照片，从制度层面预防类似事件的再次发生。

当然，对记者来说，不能奢望有人主动将新闻送到你面前。我是偶然听一位高校老师说起教育部下发了一个通知与我的报道有关，于是我先后找了北京的三所高校和河北的两所高校，最终得到了这份不是秘密的通知。《通知》下发4个多月后，我发表了跟踪报道《教育部严查疑似冒名顶替在校生》。现在回想，如果不是自己的坚持，没有关于这份《通知》的后续报道，整个报道会留下很多遗憾。

当下中国，持有记者证的记者数量超过25万，居世界第一位，同时还有各类新媒体记者和媒体从业人员。有关于媒体人的负面消息爆出，也有很多记者以职业素养与业界良心，为遭受不公者求正义，在民众心中竖起记者的标杆。鼓舞人心的力量与令人心寒的消息，引发民众对记者群体的关注。作为信息的传播者和社会的守望者，“见证历史、记录时代、揭示真相、传播希望”历来是记者的职责。

带着新闻理想才能走得更远

做记者需要发自内心地热爱这个行业，热爱自己的工作。

一个记者是否能够走得远，是事关新闻理想的。一方面，从判断选题到最终成稿的过程中，记者是否用心对这个稿子的成败影响很大。虽然有时候读者看不出来记者是否用了心，但是记者自己肯定知道。另一方面，从收入、社会地位、社会声誉上来讲，有很多工作比记者这个工作要好，能坚守信念非常重要。

有很多人因为各种因素而离开了新闻这一行，我并不反对别人这么做，这是件好事，说明这个人有很强的能力，可以自主地选择自己的职业。但新闻这个行业还是应该有人坚持下去。一个学新闻的人，毕业之后在这个行业干个三五年很容易；如果能够坚持下去，而且还奋斗在一线，才是值得尊重的。

对我而言，我喜欢并且能够胜任这个工作，这个工作还能给我带来很多乐趣，这一点比什么都重要。所以，带着新闻理想，在这条路上能够走得更远一点。

做记者，需要一些个人天赋，因为新闻的实践性很强，但也是需要一定的时间去积累经验教训。如果一个记者愿意花三五年的时间磨炼自己，那么他写的稿子肯定比刚入行的时候更成熟。但是，越来越少的年轻记者愿意投入三五年的时间去做这些事情，认为自己花两三年就可以了，大概他们觉得以自己的能力能够在如此短的时间里掌握这些东西了吧。

新闻的采写方法

现在是融媒体时代，和过去只有一张报纸的形态完全不同。现在的受众可以通过报纸、网站、两微一端、各种矩阵的各种途径接收消息。当前，短视频成为新风口，但是在这个信息碎片化的时代，传统媒体还是要靠优质的报道抓住受众。

过去的新闻教学一般都按照先讲新闻怎么采，再到新闻怎么写的顺序进行，而我认为这个顺序应当颠倒过来，应当先了解新闻是怎么写的，分析文章的篇章结构，然后再去学习采访。有的人在学习了采访后不知道怎么采访，原因在于脑子里没有想清楚怎么写，一篇报道无论是用文字呈现还是画面呈现，如果一开始不知道最后呈现出来的内容是什么样的，就不知道从何下手。

新闻生产可以被比作一根链条，最开始是关于线索的获取，接下来分别是新闻价值的判断，采访前的准备，如何联系采访对象，如何向对象提问，如何更好地使用获取的材料，怎么固定、使用、保存证据，最后才是报道写作。

“最后一张拼图”并不是指在所有采访结束后，有一个难点需要突破，而是整个新闻生产的过程中的每一个环节，都可能存在难以逾越的难关。如何解决这些难关，才是记者需要通过自己的才智去解决的问题。

在工作中，面对同一题材，怎样才能在采访的竞争中保持优势呢？这就是一场智慧的比拼。

【案例分析】

3月17日，江西赣州南康区十八塘乡副乡长卓宇，被樟坊村村民明经国用镰铲袭击致死。明经国随后被逮捕。

第二天，南康区宣传部的微信公众号发布：

“乡人大主席卓某和4名村干部再次来到村民明某某家，做拆除其‘空心房’动员工作。据初步了解，案发前，现场的乡村干部没有与明某某发生冲突，更没有强拆他家的‘空心房’。”

但是从两张现场的照片来看，“空心房”似乎已经被拆去大半，与公众号所报道的“没有强拆”不符。

实际上，经现场了解，记者们发现，图中看似被拆的区域是明经国邻居家的猪圈。

因此，我们在进行新闻报道的时候，一定要到现场实地探访。从不同的角度去观察问题。真相往往被遮蔽，我们往往被误导。有的时候，眼见不一定为实。

采访是什么?

采访，是依靠专业技能来逼近真相的过程。采访的过程是为读者（受众）呈现真相的过程，但很多真相并不是一次就能挖掘出来的。有时候，即使记者穷尽了所有的报道手段，也只能呈现所有事实的一部分，而很多事实都是处于动态变化过程中的。因此，记者要紧密跟踪，传递更多的信息，更好地呈现真相。

有些时候，报道在小范围属于真相，但从大的范围上来看，可能是一种假象。因此，记者要时刻保持警惕，努力为受众还原真相。而接近真相的过程需要很强的专业能力。

第一，是对记者职业素养的考察。面对纷繁复杂的证据材料时能够辨别真伪，甚至面对采访过程中利益冲突的双方所提供的证据时，能够从中辨别真伪。

如果一名记者收到一份判决书，提供判决书的人说他是被冤枉的。面对这样的状况，记者能相信吗？这个时候，记者的脑海中就需要加一个问号。因为判决书有可能被篡改。在面对任何人证、物证、书面证据的时候，记者都要拥有仔细辨别真伪的能力，要运用专业能力多方求证。

第二，是对记者综合能力的检测。任何一个简单的采访，都要和采访对象进行沟通，怎么与素不相识的人在最短的时间内有效沟通，让采访对象吐露不愿意说出的真相，是需要各种沟通能力和应变能力的。

记者需要哪些能力呢？很多教科书对于这一问题也有所探讨，但却不全面。因为，对于不同类型的记者，采访的要求可能不一样。报道金融的记者可能不需要深入“现场”，而社会新闻记者就必须亲身感受现场。

综合能力并不是指所有能力都必须达到优秀的水平，而是在出现问题时能自如应对。

第三，是对记者意志品质的考验。记者的工作很多时候需要有坚强的意志品质。记者写稿子、编片子经常要熬夜，而且在工作中经常会有挫败感。这就需要记者有坚强的意志完成工作。有时候，工作需要和兴趣爱好相结合，在工作中，每个人应该找到适合自己的办法缓解工作压力。

第四，是比拼记者智力的游戏。这主要是指在新闻竞争中如何把稿子写好，要求记者在各个环节开动脑筋，获得新闻。很多新闻的获取途径与记者接受的教育并没有关系，更多的是人际关系的积累。

采访是新闻报道的地基。很多记者在写稿过程中感到痛苦，主要是因为采访做得不到位，几乎是“盲采”，即“盲目的采访”。

【采访前的准备】

1. 尽可能了解采访对象，包括对采访的人和事有一定的把握。

2. 当采访的事件较为复杂时，要确定采访的顺序。设置顺序的原则一般是先外围再核心，先易后难，并且学会打时间差。

3. 采访前要设计采访提纲，保证重要的问题不遗漏，敏感问题要想好如何提问，从不敏感的问题切入。

4. 采访必备物品，如证件、录音录像设备、纸笔、钱等。

5. 交通、住宿、饮食、医疗、风土人情等。

【如何找人】

找人的过程需要不停地试错，有些途径看似很好，例如通过被找对象所在的单位来找，但也可能出现找了多日也找不到的情况。因此在开始找人之前，要想出所有可能的办法，再去尝试。尝试也要排序，要从最可靠的途径找起。

在《中国青年报》记者寻找西南交通大学沈志云院士的案例中，记者先通过搜索找到沈志云的住处，通过搜索结果中的细节信息推导出结果。

【如何采访】

世界上最难的事有两样：让别人把装在口袋里的钱掏出来；让别人把藏在心里的话说出来。

原新京报记者张寒在采访时，遇到采访对象由于接受其他媒体采访的次数过多而不愿意再接受媒体采访的情况。张寒面对这样的情况，就购买了水果，以朋友的身份探望采访对象，从而获得了采访对象的信任与肯定。

采访是一个动态过程，需要适时调整思路。记者要学会在纷杂的事实、材料中理出头绪，迅速判断问题的核心，找到采访的方向。

【具体的采访技巧】

1. 知识：和采访对象“对话”。许多人在采访时会带着仰视或俯视的姿态向采访对象提问，这都不是平等的“对话”方式。记者采访时应当以平等的姿态向采访对象提问。

2. 经验：因人说话

3. 人情：城乡 / 地域 / 年龄

4. 世故：洞悉采访对象心理

【采访的禁忌】

1. 不要仰视或俯视
2. 不要不懂装懂（及时确认名词术语）
3. 不要想当然（禁止推断）

【怎样找到最后一张拼图】

1. 比技巧更重要的是坚持
2. 推理不能代替事实
3. 到新闻现场去
4. 不轻信他人，别急着下结论
5. 不过度自信

【一些建议】

1. 不要做邮箱记者、鼠标记者
2. 独立思考，保持质疑精神
3. 即使在兵荒马乱的年代，也要爱惜自己的羽毛
4. 学会站在高处思考全局

“新闻背后的故事远比新闻本身更精彩”①

学新闻时，有一个老师讲过一句话：“记者，要学会在天安门上思考问

① 刘万永.做有硬度的新闻，2015-4-9.http://elite.youth.cn/gnb/201504/t20150409_6570946.htm

题。”意思是记者要有宏观思维，要从全面角度思考问题。

有一名老记者，退休前准备出一本作品集，可翻遍自己所有的作品，竟然拿不出一篇有分量的稿子。最后，只能哭着作罢。十几年来，我心里一直念着这个故事，一直用这个故事鞭策自己，希望我在退休之后满足自己的愿景与期待。

第7讲

新媒体“槽点”与传统媒体“节操”

——蔡方华谈“团结湖参考”是怎么“火”的

《北京青年报》评论中心官方微信公众号“团结湖参考”的自我介绍是这样的：“国内最具影响力的时政评论公号”。的确，作为传统媒体的新媒体平台，“团结湖参考”像是异类，仅仅用了三篇文章，便完成了从“新人”走向“大号”，从“团结湖”观望“中南海”的使命。这三篇文章均为该公众号主编蔡方华主笔，他也因此被称为“蔡三篇”。“团结湖参考”一夜席卷八万粉丝的异军突起，让《北京青年报》的名声走出北京，成为面向全中国的时政分析提供者。

主讲人简介

蔡方华，笔名“橡子”，1990年毕业于北京大学中文系，1991年完成长诗《黄山》，1994 年出版诗集《致命的独唱》，1999 年出版长篇小说《脆弱》，2000 年前后，为迎接千禧年，曾两次前往英国，采访闻名于世的理论物理学家霍金，并游历苏格兰等地，写作组诗《英国篇章》。同年，蔡方华开始担任《北京青年报》专职评论员，主要撰写时事评论文章。2014 年 5 月 30 日起，蔡方华创办了《北京青年报》评论中心官方微信公众号“团结湖参考”。

传统媒体转型困境

传统媒体正在经历非常剧烈的转型之痛。2014 年，《北京青年报》提出了战略转型的构想，叫作“向上生长，向下生根”。“向上生长”是指拥抱移动互联网，“向下生根”是指把报纸经营方向向社区转移。

报社很多优秀的编辑记者都转行到了互联网公司做公关。这在以前是很难想象的，因为媒体人认为自己在记录时代、影响时代，互联网公司在过去只是我们记录的对象。但是现在这种变化已经出现，而且不可逆转，传统媒体要接受并适应由技术带来的时代变革。

纸媒引以为豪的深度报道桂冠也正在被新媒体摘除，传统媒体人一直觉得自己的深度报道做得很好，所以哪个报纸如果取消了深度报道组，全国的媒体记者都会哗然。与新媒体做的深度报道相比，纸媒既不能在传统形式上呈现多元化视角，又没有对应的呈现深度报道所需的人脉资源。传统媒体无论在速度还是质量方面，都很难打败新媒体。

比如对 2015 年天津港 8・12 特大火灾爆炸事故的报道，就是新媒体集中呈现自己实力的标志性事件，是一个全媒体集合演练的标志性事件。事情发生时，我正在一个烧烤店吃烤串，当时微信朋友圈就“炸锅”了，一个全是媒体朋友的微信群骚动起来，搜狐、新浪、澎湃等媒体的记者，当晚就奔赴天津，反应速度极快。那几天，所有人都通过手机关注事件进展，传统媒体受到的局限特别大，尤其是纸媒。

传统媒体为什么会出现困境呢？这是因为移动互联网改变了信息传播的方式。纸似乎是一种非常古老的介质。我做了一段时间的公众号之后再去纸媒工作，会出现很多不适应的问题。比如新闻和热点都已经被网络媒体评论了一遍又一遍，为什么还要在报纸上再次呈现相近的内容？在时效性落后的情况下，纸媒应该发挥自己的哪些优势？此外，纸媒的成本包括纸费、印刷费、稿费等诸多方面，一个版面的年度成本高达百万，然而最终收获的传播效果却可能不如新媒体。所以在技术带来的巨大改变面前，除了拥抱移动互联网之外，几乎没有任何别的办法。

纸媒未来还有出路吗？

我认为，不改变真的没有出路。

纸媒会死吗？

未必，纸媒还有很多种活法，主要看有没有生存能力。

传统媒体要改变“节操”

2013年和2014年，传统媒体人还处在一个茫然的状态：想要转型，但是不知道怎么转。我们做公众号的原因，一是感到形势不妙，我们的传统读者群都已经转移到移动端了；二是当时《北京青年报》好几个部门都已经有了公众号，做新媒体是大势所趋。

但从一开始，我们就坚持要按照新媒体的思路来做公众号，即专门为新媒体创作新的内容，而不是把纸媒的内容拷贝过来。我希望读者在新平台读到一些更平实、生动、有别于报刊文章的评论。没想到的是，这种用新语态解读国家政治、政策、时事的文章，被如此广泛地传播。这让我们一再思考，什么是新媒体，为什么要做新媒体。

传统媒体人做新媒体，最重要的是转变自己的思维方式，因为话语体系随着平台的更迭不断更新，所有能总结出来的规律都很容易被打破。现在传统媒体人才严重“老化”，这个老化不仅指年龄老化，而且指思维方式老化。我将这些制约脑洞、固守原有规则的因素统称为传统媒体的“节操”。这个“节操”代表着传统的生产方式、语态习惯和体制惯性等。新媒体在召唤“新人”，传统媒体人思维惯性中的诸多“节操”，是转型过程中必须迈过的坎。

我的那三篇评论之所以受欢迎，和其关注的话题、独特的时机、使用的语态等都有关系。事实上，新媒体传播最重要的就是能够搔到受众的痒处。微信能够实现如马太效应一般的病毒式传播，这种社交领域的传播方式完全不同于我们以前的“匀速”传播方式，它改变了媒体的权力结构。谁能够在这个平台上得到更高效率的传播，谁的议题设置就更成功。

从传统媒体到新媒体

虽然都是媒体，但是新媒体和传统媒体之间有所不同。

一般来说，做新媒体的大多是年轻人，因为他们更容易接受新媒体的规律，受到传统媒体的束缚更少。而我是一个年龄相对比较大的新媒体人，是从传统媒体转型到新媒体的人。传统媒体人会有一种自我认同感，认为自己是内容生产的王者，只要掌握了新媒体的传播规律就可以成功，但事实上不是这样的。

新媒体对于标题的传播力已经做了非常精确的探索，大量的公众号在对受众心理的揣摩中，已经发现了适合移动互联网时代阅读的准确场景。与传统媒体相比，新媒体的生产方式有明显变化。传统媒体尤其是纸媒的生产，是一个封闭结构，记者去采访，编辑加工后拟定标题，内容生产就结束了。

但是新媒体不同，新媒体的内容生产车间已经扩散到了整个传播链条中。比如我今天写一篇文章发送出去，一旦读者转发这篇文章，并配上一段话或寥寥几个字，就参与了内容生产，读者就成了内容生产的一个环节。新媒体的内容生产车间是开放的。

北青报当初进行新媒体研讨时还在想是做 App 还是微信公众号，后来发现能够做好一个公众号就已经很不容易了。一些传统媒体还是在进行简单的复制粘贴，很少有媒体一开始就能够意识到要为新媒体专门生产内容。纸媒在做微信公众号的时候，往往不舍得放弃自己的标签，以为在传统媒体上印上二维码就能够成功获取原来的受众。纸媒转型不能单纯依靠受众引流，因为纸媒受众年龄老化，而新媒体受众更年轻。

新旧媒体之间如何协调文风和思维，这成了传统媒体人做新媒体的一大障碍，其中最大的挑战就是对既往的新闻规律、新闻戒条的颠覆。微信是大众化的社交平台，如果文章的门槛设置过高，内容过于专业化和生涩，就会非常影响传播。如何让思想和观点变得有趣、更容易被理解，这是转型中的媒体人必须考虑的问题。

然而需要注意的是，微信的作用更多在于社会化传播，而不在于议程设置。目前看来，社会议程设置的主体还是传统媒体，但是社交媒体会越来越具有媒体的性质，它的社交化也决定了它传播工具的属性，能直接反映某个话题或议题的传播是否有效。

新媒体要创造“槽点”

纸媒的语态和新媒体的语态有很大的区别。能写好一篇优秀的纸媒文章并不代表能够在新媒体成功。新媒体的门槛在哪里？主要就是语态转变，但是传统媒体从业者还是要有所坚持，不能用哗众取宠的方式获取受众。

首先，一篇文章能不能让受众有参与感非常重要。在新媒体内容生产环节，巧妙设置的“槽点”能让受众感到有话可说，大大提升转发的可能性。

做新媒体不要过度论证，这是新媒体的经验，如果把文章写得太满让人无话可说，读者反而无所适从。适当留白，让受众脑补，是文章在新媒体领域获得迅速传播的要点。新媒体上最好的评论文章是让每个受众都觉得这篇文章写得不错，并愿意在转发的时候添加自己的评论，向朋友提供内容增量，这样可以大大增加新媒体的活性。

其次，时评除了要有思想深度之外，还要很有趣。如果能把思想展现得有趣一点，那么在新媒体领域存活的概率就会大一些。有趣是翅膀，没有这双翅膀，沉甸甸的思想就会沉在社交平台里，永远不见天日。

但是有趣和才华一样，都是一种禀赋或者说是一种训练。“团结湖参考”之所以能够从一个名不见经传的小号成长到现在，是因为我们革新了评论的语态，我们用一种完全不同的语气和口吻，来讲述我们国家发生的重大的事情。“文艺座谈会召开的时候，我正在山上挖红薯”，这样的文章开头在传统媒体看来并不合适。为新媒体单独生产的新语态，是很难与纸媒兼容的。

新媒体的瓶颈与未来

随着微信的普及，有人关注到微博的式微。虽然这二者之间有很大的关系，但不能简单地归结为用户的喜新厌旧，而是因为这两个平台间的革命性差异。微信是移动化的，而微博用户一度是基于 PC 端的。

微信基于移动互联网，并且有一个庞大的熟人社交网络，这一点是微博很难反超的。未来可能会出现新产品替代微信，它只可能比微信更进步。所以，如果有一天微信衰落了，我们可以很方便地转移到另一个平台上去。因此，对平台的担忧其实是没有必要的，在移动互联网越来越方便的时候，人际关系成了最大的市场。未来发展中，媒体的社交化趋势不会改变。

新媒体最大的焦虑是平台的不可控。新媒体中，竞争对手是一些不知名的人，而不是传统的纸媒。受众需要什么？市场在哪里？现在微信平台已经进入了“更年期”，公众号粉丝数在涨，阅读量却在下降；公众号粉丝涨到一定数量，粉丝活性也会降低，严肃内容的点赞数、评论数、转发数都会降低，这是目前新媒体面临的大考验。如果微信成为一个媒体平台而不仅仅是社交平台，媒体生态将会发生很大的转变。

内容传播的形式对于新媒体未来的发展同样重要。在未来，媒体可能是视听为主的媒体。我认为，视频在未来可能是媒体最主要的形式，当人们在任何地方都能打开一个屏幕的时候，谁还有耐心去看文字呢？所以，无论什么内容，都要千方百计通过创新的方式去呈现，获得竞争优势。

最后就是媒体融合——一个几乎困扰整个业界的问题。它最主要的困难在于机制和体制方面的转型并不容易。传统媒体的内部机制和层级给转型增加了难度，而这个时间周期对于快速更迭的新媒体来说过于漫长。媒体融合在未来要做的最大的一件事是让传统媒体的决策方式更加平面化。

媒体融合不能单纯采用同类合并的方法，那样做很可能事与愿违。做大，并不是唯一的出路，“小而美”也有自己的市场。我觉得最可能的一种路径是，一方面大幅度改变传统媒体的体制；另一方面，新闻从业者从观念上、思维上实现转型，懂得什么是技术对媒体的推动，了解新媒体的传播规律，有了这两方面的充分准备，再谈融合会比较现实。

一名诗人的新闻理想

新媒体飞速发展，新闻理想的重要性从未改变。《赫芬顿邮报》的CEO曾经说过，如果没有一批专业的新闻工作者来从事严肃的内容生产，未来的人们将只能窝在沙发上，看猫和狗的视频。这是不可想象的。一开始社会可能还注意不到严肃内容的短缺，但当新媒体发育充分后，所谓“猫狗视频”必然无法满足需求。娱乐视频成为主流时，严肃内容反而是一种刚需。坚持自己理想的人，在这种媒介环境下往往能做出更大的成绩。坚持理想，在任何时代都非常宝贵。

从事新媒体的工作者，也应对很多的底层社会问题保持着密切关注。农民、拆迁户、城市中的打工者，甚至是那些落马官员，我们都应保持着带有体温的人性化的关注。这实际上跟内心的理想有关。如果你不爱这个世界，你不可能去爱这个世界上的人。保持对世界的爱，对从事新闻工作非常重要。有些新闻传播领域的知名人物，因为种种原因受到司法追究，与理想的丧失也有关系。

我是从农村出来的，老家就在农村，对底层问题有很多了解和思考。在与我的文化身份相照应的环境里生长，我对平民、基层、底层以及所有发生在人们身上的不幸，都非常关切。“团结湖参考”体现的也是这种气质，可以称之为悲悯，抑或是人性化，总之就是在做严肃新闻的时候，永远保持对人的爱、对世界的观照。

我觉得我身体里诗人的那部分始终没有改变。那是一种对现实生活的密切关注，对人性的理解、包容和悲悯。“团结湖参考”其实也有这样的气质。我们从来不会彻底地否定某个人或某种现象，而是秉持一种平民化的视角，以民间的姿态来发言。

第 8 讲

走进“上帝之城”

——刘骁骞从新闻视角还原真实的“缉毒行动”

在绝大多数人的眼里，新闻工作是风光无限的，新闻工作者往往都能够第一时间接触新闻资源，然后站在电视机里，把自己的报道娓娓道来。但在新闻工作者中，有这样一群人，他们时常被打伤、绑架甚至牺牲。他们是一群经常与死神擦肩而过的人，也是一群与战争无关的局外人，他们冒险、冲动、热情，充满责任感，他们的工作就是力争在被不可预料的枪击、炸弹、导弹或地雷夺去生命之前，用文字、声音、影像将战争记录下来，向世界传递战争的真实与残酷。他们有个名字，叫战地记者。

刘骁骞是一个脸上略带稚气的大男孩，他背着书包混迹在人群中，没有人会意识到他曾在巴西探访缉毒大案，身上藏着很多惊心动魄的故事。

主讲人简介

刘骁骞，2006 年进入中国传媒大学葡萄牙语专业。2010 年进入中央电视台工作，2011 年起常驻巴西，报道区域包括巴西、古巴、哥伦比亚等。曾获中央电视台 2013 年度、2014 年度先进个人。2012 年就开始做贩毒调查报道，驻外期间曾进行各种各样题材的报道，包括国际新闻、古巴与美国的关系、金砖会议等，调查性贩毒报道也是日常工作的一部分。代表作有《走进“上帝之城”》《骁骞奥运观察》《骁骞探访：“哥武”丛林游击队》。

走进巴西

巴西，对于绝大部分人来说只是足球强国。但这里不仅是足球王国，更是世界最大的毒品市场之一，仅吸食可卡因的就有超过 100 万人。受毒品的影响，巴西贫民窟充斥色情、抢劫、凶杀，更有不少未成年少女为毒品卖淫。在警方破获贫民窟毒贩操纵的未成年人卖淫组织之后，发现有的少女年仅 12 岁，是艾滋病病毒携带者。她们有时为了购买廉价的毒品，哪怕只能赚到 1 美元也会出卖自己的肉体。在巴西，毒品带来了严重的治安问题，巴西政府认为，越来越多未成年人吸食廉价毒品，导致未成年人犯罪频发。此外，大部分吸毒者离开家，住在方便购买毒品的地方，最终走上卖淫、抢劫等犯罪道路。巴西，就是这样一个毒品、凶杀、色情交织在一起的国度，一个令人闻风丧胆的地方。

2012 年 6 月 26 号是国际禁毒日，配合这一主题，（原）中央电视台做了一个关于毒品的报道，这也是我做的第一个关于毒品的报道。

每次在做报道之前，我都会做一些故事、背景等方面的设想。这次缉毒报道，我想做一个边境缉毒报道，因为边境地区会有各种各样的问题，如毒品走私、毒品贸易。有的时候，对选题的兴趣和相关知识是你成功的关键。

与我结缘的第一个据点是名叫塔巴廷加的小镇，它位于巴西、秘鲁、阿根廷三国的交界处。做新闻也需要运气，第一次陪同警方做调查时，我的运气就不太好，一个星期的调查没有什么非常重要的发现，但是当时台里国际部副主任亲自编辑片子，播出后反响也不错。

从事贩毒调查报告的第二年，我心想："今年一定要搞出点动静。"当时我策划了一个选题——《枪口上的巴西》，台里专门为这个节目制作了一个 30 秒的片花。报道需要向观众呈现真实感，于是我联系了巴西贫民窟的一所公立医院，这家医院每天都会有人因枪击送来救治，为了还原巴西医疗情况的真实性，节目团队在医院守了一夜，来看一晚上到底会有多少人被送来。去之前我们完全没有对所报道的内容的评估和预测，只想把真实的情况完整地展现给观众。

死亡边缘

有一期节目，我们越过了巴西边境进入巴拉圭境内。巴拉圭的"黑枪支"问题非常猖獗。为了探访巴拉圭的枪支问题，我们深入枪支黑市，去偷拍枪支的交易过程，去拍摄如何买到黑枪和子弹，然后再设法把黑枪带入巴西境内的过程。这次买枪的报道是我唯一感到害怕的经历。当时的微型摄像头一次只能拍 20 分钟，拍摄时需要找个地方提前装好设备，再走近商贩。但是走近商贩就已经花费了 10 分钟，摄像机的内存已经占用一半。

在第一次交易过程中，我问了很多问题，比如枪怎么卖，如何帮忙把枪弄进巴西等，但由于现场没办法检查素材，回到住处检查的时候才发现最重要的地方由于内存不够，没有拍到。我们只好硬着头皮去了第二次，可是这一次又因为设备的开关没调试好，录制失败。我打算再回去拍摄一次，但是这个时候再回去是很危险的，被抓到只有死路一条。可我没有退路，为了消息的真实和完整，我只能回去。

第三次，老板也起了疑心。同样的问题为什么要问三遍？一个中国人为什么和一个巴西人走在一起，他们是什么关系？这个时候，探访前的准备工作救了我们。我说巴西有很多华裔在这边定居开店，我是那个巴西人的老板的儿子，那个巴西人是我的翻译兼保镖。在那个危急的时刻，沉着和反应能力才让我们两个人捡回一命。

第三年的时候，我对缉毒类特别报道的工作已经轻车熟路了。抱着“搞事情”的心态，我决定打入毒贩内部，于是推出了《走进“上帝之城”》。

《走进“上帝之城”》

巴西世界杯开幕前夕，央视东方时空栏目推出了世界杯倒计时系列特别节目。

《走进“上帝之城”》是由驻巴西记者实地探访里约热内卢这座城市不为人知的一面。节目中，记者刘骁骞探访巴西毒品交易，深入制毒窝点内部，面对全副武装的毒贩进行采访。据（原）中央电视台报道，因想向外展示强大势力，巴西贩毒集团首领经几个月考虑后允许了拍摄。

图为央视记者刘骁骞深入巴西贩毒集团内部，拍摄到了贩毒集团的毒品加工厂。

这个节目经过了很长时间的策划才得以成型，经过很多努力，我们终于采访到了被警察误杀误伤的里约当地人。

我印象最深刻的一次探访发生在里约。我们一大早迎着里约的朝阳出发前去拍摄，在路上听到广播里说，肯尼迪贫民窟有一个 19 岁少年阿历克斯，在前一夜被警察误杀。我们灵机一动，改变行程去拍摄这个爆炸性新闻。缉毒类报道的特性就是很多时候并不能提前规划，什么时候有情况就要马上去拍。

报道这次误杀事件的最大问题就是怎么找到这个人。虽然广播提到了贫民窟的名字，但是里约的贫民窟是 20 世纪五六十年代由美国出资建立的，名字多以美国总统来命名，比如肯尼迪一号、肯尼迪二号等，团队并不知道广播中的误杀事件具体是几号贫民窟。而且当时的贫民窟受当地黑帮控制，警察也无法进入。

我们只能找熟人带路，帮忙打听具体的地址。巴西的习俗是人死后的第二天就必须下葬，火葬比较贵，所以贫民窟一般选择土葬。我们花了一整天的时间找这个被误杀的少年。作为电视新闻，画面非常重要，所以当务之急就是要在下葬之前找到他们。但是，里约有好几百个墓地，搜索范围实在太大，我们只能硬着头皮找。我们连续去了五个墓地，看到有正在下葬的就问是不是那个孩子，还去了每个墓地管理处，查看当天所有需要下葬的名单。因为重名的人过多，需要一一核实这些人的死法，但是都没有找到这个被警察误杀的少年。我们又开始从尸检单位搜索，还是没有找到。

当我们败兴而归，再次回到贫民窟时，发现阿历克斯的家人已经回来了，原来他们把阿历克斯葬到了很远的一处墓地，因为只有那儿有空地了。沟通过后，经过他们的同意，我们终于得以去拍摄那个墓地。到达那个墓地时，已经是下午 5 点多了，那个墓地特别大，阿历克斯的墓碑在墓地的最深处。找到阿历克斯的墓碑时，天已经快黑了，由于设备和天气的原因，这一天的拍摄只能就此结束。

新闻报道中经常会出现这种情况，虽然拍摄没能如愿，但这一天很特殊、很有意义。不要以为记者只是出入高端会议场所，很多情况下，记者更像一个侦探。

成片在央视播出时，主持人还做了连线采访。当时主持人问我在采访时害不害怕，我才意识到如果我说不害怕会被认为是假话。但我认真想了想，当时确实没什么感觉，只是想把工作做好，只顾着担心摄像会不会没拍到，怕同期会不会没有录到。

刘骁骞的里约大冒险

刘骁骞的报道一度在互联网上引发热议，面对这么“重口味”的可怕事件，一位年轻的记者却能采用犹如逛菜市场一样的报道节奏，网友们纷纷为刘骁骞的淡定和勇敢点赞，感叹这才是真正的“里约大冒险”。而作为刘骁骞的大本营，中央电视台更是将他称作驻外记者中标杆性质的人物。

央视网在线上板块“央视人”中对刘骁骞做出如下评价：

最好的记者，要有“侠骨柔肠”和“百姓情怀”，最好的新闻，要有“为民服务，为国所用”的品质。作为国家电视台，中央电视台一直走在新闻的最前线，为了给观众呈现最真实、准确的报道，敬业认真的央视记者刘骁骞无数次“淡定”闯“前线”，用更快速、更全面、更客观的视角记录新闻，让事实说话。

面对这样的赞誉，刘骁骞的回应非常从容：

“电视记者有很多技术，最重要的是要有工匠精神，作品必须要精益求精。这件事，总要有人去承担。我既然决定去做了，就要探求到底。”

当刘骁骞全身心地投入工作去追逐他的新闻理想的时候，似乎将个人的感受完全抛诸脑后。在他视线里的只有他的报道、他的新闻。这样的忍耐、意志令人难以想象。

这就是刘骁骞，一位外表稚嫩，内心淡定、果决、勇敢的大男孩，一位优秀的中央电视台驻外记者。我们坚信，他还会继续拿着他的相机，走遍更多的地方，为我们记录、展示更多更广阔的真实的世界。

第三部分

公共传播　理解舆论

第9讲

打开中国复杂舆论场的三把钥匙

——杨禹谈网络舆论

在今天这个人人都有麦克风、人人都有话语权的时代，中国舆论场日趋复杂，政府、企业、大V、网友等众多声音聚集其中。一个职业媒体人应该如何保持理性的思考，找到揭示真相的正确方法，形成有效的舆论引导？央视评论员杨禹给你三把钥匙，教你正确解读中国舆论场。

主讲人简介

杨禹，中国改革报社副社长、中央广播电视总台央视特约评论员。曾先后就职于清华大学、北京人民广播电台交通台、《中国经济导报》、国家发改委城镇中心，作品曾多次获得中国新闻奖。从2009年起，杨禹在央视综合频道、新闻频道担任特约评论员，评论领域为时政、经济，参与评论的节目包括《新闻联播》《焦点访谈》《东方时空》《朝闻天下》《新闻直播间》等。他是《新闻联播》40多年历史上引入的第一位新闻评论员，参与了党的十八大、党的十九大期间大会开幕会、闭幕会、新一届中央政治局常委见面会时政直播评论，以及2009年以来历次全国两会、中共中央全会的评论工作。担任“两学一做”、“不忘初心、牢记使命”主题教育全党教育片主讲人，大型政论专题片《将改革进行到底》总撰稿。

对网络舆论场里五个流行说法的再思考

1. 网上最大声音就是主流民意?

习近平总书记在网络安全和信息化工作会议上说：“网民来自老百姓，老百姓上了网，民意也就上了网。群众在哪儿，我们的领导干部就要到哪儿去，不然怎么联系群众呢？各级党政机关和领导干部要学会通过网络走群众路线，经常上网看看，潜潜水、聊聊天、发发声，了解群众所思所愿，收集好想法好建议，积极回应网民关切、解疑释惑。善于运用网络了解民意、开展工作，是新形势下领导干部做好工作的基本功。”① 网络上面当然反映着民意，可是我们的一些领导干部还不习惯，甚至不会通过网络了解民意。因此，领导干部应该多熟悉网络。此外，领导干部还要深入实际、深入群众、深入生活。这三个“深入”，不能只是在网上完成，领导干部们还要保持“两脚泥”的好传统。判断网上民意，需要审慎全面，避免简单地用分贝的高低来判断一件事情的是非曲直。有时候，针对某一事件的一时的网上最大声音，不一定代表真正的主流民意。

---

① 习近平.在网络安全和信息化工作座谈会上的讲话[N].人民日报,2016-04-26(02).

2. 人人都是记者?

今天我们处在人人都有麦克风、人人都有发言权的时代。虽然数亿人有微博微信，却不见得人人都是职业记者。在我看来，“记者”这一名词只属于职业记者。人人都有话语权的时候，对职业记者的要求更高。网友可以只传播自己感兴趣的碎片化信息，但职业记者要努力传播系统信息；网友可以只提供自己的视角，记者要有更广阔的社会视角；记者要坚守职业纪律、职业准则、职业操守、职业伦理，做好社会发展的晴雨表和瞭望塔。

3. 网上什么都有，网友什么都知道?

互联网给人一种错觉，好像网上什么都有。其实不然。很多社会群体的声音，并没有充分出现在互联网上。比如，各级党政干部是国家治理的中坚群体，但他们对很多事情的看法，还没有全面真实生动地呈现在网络受众面前。很多领域的专家学者活跃在网上，但如果用户只关注这些“网红型”专家学者，那些在网上并不活跃、但仍然在以相对传统的方式发挥社会影响力的专家学者就会消失在网民的视野里。网上充斥着海量信息，反倒会淹没一些跟一个人、一群人真正有关联的信息。

4. 有谣言没关系，网络有自净功能?

虽然网络对谣言有自净功能，但谣言往往是极端信息，跑得比较快。即使最后辟谣了，但在之前的传播过程里，谣言已经造成了负面影响。因此，要从多方面采取措施，遏制谣言滋生：一是要让网络自净功能发挥更大作用，二是要依法严惩故意造谣传谣者，三是各级党政部门做好信息公开，四是主流媒体更加主动有效地做好报道工作。

5. 新媒体凶猛，传统媒体办不下去了?

多年来，一种又一种新兴媒体出现，传统媒体消亡之声不绝于耳。但是历史证明，传统媒介形式并不会随着新兴媒介的产生而消亡，反而会促进媒介融合，实现新的发展。未来只会有两种媒体：一是有竞争力的媒体，二是无竞争力媒体。

打开中国复杂舆论场的三把钥匙

网络舆论场逐渐变得风清气正，但也经常出现三种脾气：暴脾气、急脾气和怪脾气。如何化解这些“坏脾气”，我认为可以拿起“三把钥匙”。

1. 第一把钥匙：让法治思维成为最习惯的起点

中国社会是法治社会。要想看清各种复杂舆论，并发出自己理性冷静的声音，应该铭记法治思维是一切思考和话语的起点。

法治思维其实就是规则思维。其中普遍规则高于特殊化规则，非人格化权威高于人格化权威。非人格化权威指无须执法者监督，自己可以自觉遵守；人格化权威则指不会自觉遵守规则，只有执法者强制才能遵守。

查酒驾就体现了人格化权威。一开始总有些司机躲着查酒驾的警察，他只服从人格化权威。随着对酒驾危害的认识逐步增加，大家习惯了酒后找代驾，不再破坏规则，自觉遵守交通法规，这就养成了服从非人格化权威的习惯。非人格化权威逐步树立，可以大幅降低执法成本。

法治思维还是程序思维、均衡思维、建设性思维。体现了这些思维，都是在体现法治思维。

2012 年 12 月 4 日，习近平总书记在首都各界纪念现行宪法公布施行 30 周年大会上的讲话中指出："我们要依法公正对待人民群众的诉求，努力让人民群众在每一个司法案件中都能感受到公平正义，决不能让不公正的审判伤害人民群众感情、损害人民群众权益。"① 公正的司法判决，不见得让每一个人都满意，但应该让每一个人都感到公平。某些媒体报道曾出现过误区，渲染司法审判的结果没让当事者满意。当事者满意不满意，不是判断司法判决公正不公正的标准。判断公正不公正，自有专业标准。

在舆论场上还要防止出现一种逻辑，就是认为贫穷是违法的理由，贫困者违法就可以得到谅解。这是缺少法治思维的表现。不能把正常的司法救济，混同于贫困可以逾越法律。

2. 第二把钥匙："谁在说"比"说的是什么"更关键

很多人关注舆论场，只关注某某"说的是什么"。其实比这更关键的是"谁在说"。同样的一段话，可能群众能讲，党员就不能讲；单位里普通员工能讲，领导不能讲；在家能讲，但放在公共舆论平台上就不能讲。对于党员来说，有些话在哪里都不能讲，因为党员不能忘了自己的身份，不能忘了党的纪律要求。

其实，市场经济的商业逻辑里也有这个准则。曾经有位公司董事长，在一个论坛上图一时的口舌之快，大骂本企业的商业合作伙伴。一些网友给他叫好。结果，他自己公司的董事会紧急召开会议，对董事长处以高额罚金。为什么？因为两家企业都是上市公司，你公开骂自己的商业伙伴，不仅可能造成商业伙伴的股价波动，也可能影响两家公司的合作关系，最终影响本企业广大投资人的利益。所以，董事会按照商业规则也不允许这样做。

我们每个人都选择了自己的社会角色。每一个角色，就意味着一种话

① 中共中央文献研究室.十八大以来重要文献选编(上)[M].北京:中央文献出版社,2014:91.

语的边界。边界清楚，空间才清晰。时刻都不要忘了自己是谁。媒体人不要忘了自己所在媒体的属性是什么。

3. 第三把钥匙：用均衡的眼光看待不均衡的中国

中国是个发展中国家，还会长期存在不平衡不充分的发展局面。但是，我们可以在舆论场上，构建起更多的均衡眼光，来看待不均衡的中国。因此，要特别注意把握好以下六组重要关系。

（1）政府 + 市场

政府与市场是“两只手”的关系，自改革开放以来，始终是经济体制改革的核心命题。让市场在资源配置中发挥决定性作用，更好发挥政府作用。这前后两句话，是一个整体。

（2）发展 + 保护

把握经济发展和环境保护的均衡，也很有必要。比如，我们越来越关心“蓝天”问题，也要继续解决好“肚子”问题。环境要保护好，经济也要发展，破解的钥匙，在“绿水青山就是金山银山”里。发展与保护并不矛盾，关键在于找到并把握好它们之间的关系。

我曾经作为新闻记者去广西，采访近年来致力于研究保护珍稀物种——白头叶猴的著名生物学家潘文石教授。潘教授十几年前到广西崇左时，那里只剩下全世界最后的一群白头叶猴，一共只有 87 只。他经过多年追踪研究发现，影响白头叶猴生存的最主要因素是当地村民上山砍柴、背水、摘果等行为。老教授得出一个判断：保护猴，人发展，二者是一体的。他带着学生们下山，帮助当地村民建沼气池，通自来水，改良土壤种甘蔗。人的问题解决了，不再去与猴争水争果争树林，几年过去，猴的数量也开始回升。由此可见，发展与保护，有深刻的内在关联。

（3）快速前进 + 前进中暴露问题

今天的中国在快速发展，但发展不会一蹴而就。发展路途上，解决了很多问题，但也一定还有很多问题没有解决，还可能出现一些新问题。在舆论场上，有时会出现一些偏颇看法：只要还存在问题，就把整个发展进程

“一棍子拍死”；看到某个领域的改革还没有解决所有难题，就简单地把这项改革全盘否定。这都不是看待事物发展的正确方法。

无论改革还是发展，都要认准方向，持之以恒，久久为功。舆论应为此助力。

（4）改善民生：尽力而为＋量力而行

保障和改善民生问题，既要尽力而为，又要量力而行。这个平衡，也需要把握好。

习近平总书记指出，多做一些雪中送炭、急人之困的工作，少做些锦上添花、花上垒花的虚功。[①]言下之意就是改善民生问题要着力解决亟待解决的问题。今天，改善民生特别重视补短板，强调可持续。政府肯定应尽力而为，但也要量力而行。我们的各级政府都是“有限政府”，权力有限，财力有限，不可能也不应该大包大揽。在民生上，主要是负责兜底保障，而不是撒胡椒面一样地改善民生；也不能为了某一年取得改善民生大突破，就不顾及财力的可持续性，去透支未来。

从舆论场来看，大家对政府在改善民生上的“尽力而为”的关注比较多，对如何做到“量力而行”的关注相对较少。其实这八个字是一个整体。一个法治政府应该实事求是地告诉群众四件事：我能为群众做什么；客观条件所限，我目前还做不了什么；我不该做什么；政府和民众要一起做什么。

（5）公共决策：政府主导＋公众参与

今天在国家治理中，越来越多的公共决策需要政府主导、专家提出意见、公众共同参与。政府主导提高决策效率，专业意见提供科学判断，公众参与形成良性互动。很多涉及公众切身利益的重大政策出台前，都有跟公众互动、征求意见的制度性安排，既不能单纯由政府关起门来决策，也不能简单由公众看哪种意见“声音大”来决策。舆论是多种力量的粘合剂，

---

① 中共中央宣传部.习近平总书记系列重要讲话读本[M].北京:学习出版社,人民出版社,2014.

而不是只取其一。

（6）追求公平 + 没有绝对公平

公平是亿万人的共同追求。然而在复杂的舆论场上，还需要把握好一种平衡，那就是一方面努力地追求公平、构建公平，另一方面要看到，这个世界上没有绝对公平，公平都是相对的。很多舆论冲突，其实源于对公平的认识有偏颇，要么就是追求绝对公平，要么就是不重视公平。"公平"二字说来容易、写来简单，真做起来，并且能把握准确，并不容易。

职业新闻人在复杂舆论场上的生存体会

首先，不忙于"秀姿态、秀良心"。在今天的舆论场上需要定力，要成为舆论场上冷静生存的人。

其次，不要指望一语惊人、一夜成名。如果抱有"一夜成名"的想法，就会破坏很多均衡原则。

再次，不试图讨好所有的网上公众。要经得了夸，挨得了骂，知道怎么看待骂声。如果被立场、价值观完全相反的人骂，则无须在意。

最后，不恣意表态，不跟风起哄，不选择性失明。

做一个能驾驭"三把钥匙"的新闻人

1. 在主观工作中尽力接近客观全局真实

新闻工作是一种不断接近客观真实、不断揭示真相的工作，但工作过程中又包含很多主观因素。比如，一件完整的事情里，有 100 个信息点。你尽力采访到了其中 50 个信息点，而版面、时长等因素，又使你只能选择

20个信息点组成报道。那么，你从这50个信息点中选择哪20个写进报道，这是一个主观选择的过程。跟你的立场、价值观、职业素养、知识水平等都息息相关。同样一篇报道，编辑部把它放在头版头条，还是第4版右下角，传递出的含义也是不一样的。同样一条新闻，滚动播出、档档播，还是只播一遍，形成的社会影响力也是不同的。新闻人实际上是在一个主观工作的过程中努力去揭示、传播尽可能全面的真实。

2. 在复杂舆论环境下力戒各种浮躁病态

以偏概全、断章取义，观点跑到事实前面，新闻价值让位于生产价值等，是新闻报道中应竭力避免的问题。

3. 在经年累月的学习中积累丰富认识体系

新闻人还需要建立尽可能丰富的认知体系。我在大学里学的不是新闻，而是经济学。经济学为我做新闻提供了一种“横向坐标”，因为经济学的逻辑是看任何事物都不能只及一点、不及其余，而要形成一个相互关联的判断体系。我自己从小到今天，最爱读的书是历史书。年轻时觉得这种读书爱好跟新闻工作没啥关系。做新闻工作越到深处，越觉得新闻人有丰富的历史认知是多么重要。因为今天的新闻就是明天的历史，今天的历史就是昨天的新闻，把历史认识得越清楚，越能看清眼前那些最新发生的事情。而新闻工作本身，又教会了我很多捕捉、观察、思考方法，让我养成了到一线跑的习惯，不断增加我对国情的认识。可以说这三种认知力量综合在一起，形成了我的认知体系。今后，我还要继续丰富它，这是永无止境的事情。

第 10 讲

网络舆情特征与新动向

——段赛民分析当前国内网络舆情

中国互联网信息中心（CNNIC）发布的互联网报告显示，截至2019 年 6 月 30 日，我国网民超过了 8.54 亿，使用手机上网的人超过 8.47 亿，农村网民超过 2.25 亿。互联网能够快速传播信息，许多信息一经曝光可迅速引爆舆情。信息生产的权力开始下移，人人都可以发出声音，都可以成为记录者。但在这样的技术条件支持下，信息生产的质量也良莠不齐，许多谣言或极端言论对大众造成了负面的影响。当前互联网已经成为舆情事件的高倍“放大镜”，它作为舆论生成策源地、舆论传播的集散地以及舆论交锋的主阵地，需要我们更深入地观察研究并制定出相应的处理引导对策。

主讲人简介

段赛民，曾任新华社新华网舆情监测分析中心主任，《网络舆情参考》总编辑，中国应急管理学会舆情专业委员会秘书长，现任中国统计信息咨询中心副主任。

长期从事媒体传播、舆情处置、危机管理与品牌维护的研究，多次为国家部委、地方政府、军队机关、大型企业舆情监测及新闻发言人授课。

他撰写的《追踪与剖析：网络舆情案例60例》《CI战略与攻心传播》等已成为多所高等院校新闻传播与公共关系等相关专业的教材，《网络舆论在现代国家治理体系中的作用》《网络谣言的产生与治理》《网络舆论狂欢下的有序表达》《大数据让媒体传播更有内容》等学术文章刊发于多种国家级刊物。

当前网络舆情发展的新特征

1. 小微舆情热点化

当前，舆论环境日趋复杂，互联网尤其是社交平台的快速发展，由小微舆情演化成热点事件的趋势越来越明显，网络热点舆情更多地围绕与普通人利益相关的民生问题展开，网民“代入感”和移情作用强烈，表达了社会转型期公众内心的“集体焦虑”。舆情诱发点可能更微不足道或意想不到。一句话、一张照片或者一篇文章都可能成为导火索，让舆情迅速引爆。不少舆情案例发端于不起眼的微小事件，却很快以迅雷不及掩耳之势发酵，产生蝴蝶效应式的舆情演变，最终在全行业，甚至全社会范围内形成舆情风暴。总结成一句话，就是引爆点越来越小，爆发门槛越来越低，民众情绪越来越复杂。“天空飘来五个字，那都不是事”的年代似乎已经渐行渐远，凸显于当下舆论场的绝对是小热点、大舆情。

现在，很多地方政府特别重视这种小微舆情的关注和研究，比如深圳市委宣传部和深圳市新闻网，他们每个月会做一个深圳市各级部门网络舆情处置排行榜。他们梳理每个月在互联网上引起的舆情事件，然后邀请五十个网友和十个专家来打分。打完分后出一个排行榜，请市委主要领导签字，以前是在内部下发文件给各个单位通报，现在会将每个月的排行榜直接发到网上公开。久而久之，各个部门对于网络舆情的处置能力都有所提升，很多事情发生以后，深圳市的各部门都能够及时地回应及处理。

2. 舆论暴力化

在全民参与下，网络舆论监督已成为一种重要力量。但是，网络信息的真实性、可靠性仍然是一种无法克服的障碍，网民提供的虚假、片面信息使事件更加扑朔迷离。在很多时候，网络不仅监督事件过程，推动事件发展，还会过度发展成“绑架”媒体、煽动民愤，甚至直接左右事件结果的“网络审判”，更可能成为给当事人正常生活造成过度影响的网络舆论暴力。网络舆情开始从碎片、分散、妥协，向全面、集群、激进过度，民众诉求更加明确，规模效应更加明显。这种情况是非常普遍的，而我们所说的舆论暴力也有两种。

一种是个人隐私被人肉搜索，形成了舆论暴力。四川成都的女司机遭人暴打以后在舆论场上发生了逆转，这个女司机的很多个人隐私都被网友人肉搜索出来了，包括她家里的电话号码、门牌号、这半年来多少次违章、在宾馆开了多少次房等，都被发到了网上。

另外一种是和网络舆情相关的舆论暴力，更多的是指当某件事发生以后，很多与该件事毫无联系且与当事人毫无利害关系的人，组团从线上到线下一起声援或声讨当事人，形成了一种巨大的舆论压力。

3. 意见领袖食利化

社交媒体平台上开始形成以百万粉丝为主要构成的新意见阶层，大V型意见领袖的参与使舆情热点持续时间更长，热度更高，影响更深远。意见领袖的作用不容忽视，也因此常常被商业机构渗透。对于某些大V和自媒体达人来说，依靠自媒体做广告、做营销，“蹭热度吸粉”“粉丝变现”“线上图名、线下逐利”已成为公开秘密。

新浪微博的私信里经常会收到一些转发微博的价目表，比如一般认证账户转发一条微博要几百块钱，而一些大V转发一条要十万以上。就像传统媒体的广告费，很多大V都会转发一些广告信息从中收取费用。这只是最基本的，还有的会依靠自媒体的影响力来扩大自己的社会知名度，推动个人事业发展，甚至某些利益集团的代言人，也非常热衷于活跃在微博微信等网络平台上。

4. 线上线下联动化

移动互联网尤其是微信、微博、播客、论坛等社交媒体的广泛普及，对于传达信息、建构关系、维持社会秩序产生了极其深远的影响。移动互联网技术的支持，“1 对 N”“N 对 N”的传播模式，让越来越多持相同观点和具有类似爱好的人聚集在一起，人际传播加网络成为新的动员模式，草根化特点增强相对于传统媒体，社交媒体可随意建群、转发，网络动员效果出乎想象。

社交媒体的网络动员效果，在公共突发事件（包括群体事件）的舆情传播中尤其凸显，网民反应开始从舆论上升为行动，甚至酿成群体性事件。今天相当多群体性事件呈现出一个新的特点，就是通过微信群、朋友圈等社交媒体平台聚集和放大公众情绪，一旦相关政府部门处理不当，便可能蔓延和升级为群体事件。

在移动互联网和社交媒体并不普及的年代，我们在茶余饭后热议的一些话题可能都是几天甚至几个月以前发生过的事。但是今天完全不一样了，我们见面闲聊、微信互动、微博关注的一些话题，可能就是此刻正在发生的事。在一个互联网的舆论热点爆发后，经常会有一场很大的线下风波来配合这种舆论的影响。

5. 舆情处置传统化

近几年来，舆情热点事件频发。其传播规律和产生原因显露出一些新的特点，对舆论引导和社会治理提出了更高要求。从许多起热点事件的处置方式来看，一些部门舆情素养的缺失，是激起公众愤怒情绪的导火索。面对汹涌的舆情，个别部门仍然存在“封”“堵”“删”等传统舆情处理思维，凸显政府部门执网能力的短板。地方政府或企业执网能力不足，会导致舆情事件被不断地放大。

舆情处置水平和治理能力欠缺，易使热点事件演变成线下群体行动的情绪铺垫。舆情处置理念不足的部门，很容易在舆情事件中成为弱势角色，从而引发一系列次生灾害。

6. 情绪表达极端化

大家看微博、微信等经常会有这样的感觉：在社交平台转发一些正面、正能量的东西却少有人关注；而一旦转发负面信息，例如官员贪腐、突发事件、刑事案件或者明星八卦，通常会引发很多人关注和转发，网友会毫不吝啬地在后面留言甚至点赞。这说明网民会有一种负面传播倾向。面对负面信息，网民往往仅凭个人喜好和感受下结论、做判断，少有深入思考，大多数围观、起哄，因此转发信息常充斥捕风捉影、耸人听闻的表达方式。作为个体的公众，在现实生活中难免面临着压力和困难，特别是面对一些利益矛盾时，容易产生不同的看法和各种不满情绪，这种负面情绪往往会借助舆情事件飞速传播，很容易传播至其他社会成员。在信息传播过程中，少数网民和意见领袖言语偏激，加剧负面情绪交叉感染。

互联网极端化的情绪表达也容易使舆情研判失焦。更为严重的是，涉事部门迫于非理性的舆论压力，可能仓促做出错误处理决定，造成误伤。

7. 热点事件泛政治化

泛政治化，是指过分政治化，泛指政治的泛滥、滥用，把本来不是政治问题的社会事件上纲上线，提到政治层次，强力搞成政治问题。近年来，网民对热点事件的讨论越来越具有“泛政治化”的倾向，各种问题在网络空间中都可能转化为政治问题，并且总是与政府、政党及政治体制关联在一起。许多网民习惯于把与政治毫不相关的领域，比如科学、经济、教育、艺术、体育等领域，都人为地融入政治生活去中。

一些异见分子常常以“公共利益”为幌子，利用公众对具体问题的不满，“义正词严”地挑唆官民对立，魅惑公众，把具体利益问题“泛政治化”，一有机会就炒作热点事件，把矛头指向党和政府，诋毁党的路线、方针、政策，煽动闹事，制造谎言，导致具有政治色彩的群体性事件不断出现。

舆情事件的生成机制分析

1. 舆情事件的类型

近年来的一些热点事件里，最受关注的是涉及公共财政的事件。中央加大反腐力度后，凡是涉及三公消费、贪污公款、官员财产、巨额投资亏损、政府采购违规的事情都成为热点事件。涉公权力的事件也容易成为热点，比如公职人员炫富、权钱交易、生活作风、言行失当、不作为、乱作为、在公共问题上立场不中立等。因此，领导干部一方面要多用微博，多了解微博上的新鲜资讯，另一方面也要谨慎加 V 认证，以免因为一些立场不中立的、带有主观意见的发言而引发舆情。此外涉及财产生命安全、涉法涉诉、涉社会治安等问题，还有国际争端、民族宗教、社会伦理等都容易成为舆论关注的焦点。

2. 舆论事件的成因

形成舆论事件的原因有很多，归纳起来，主要有以下六点。

第一，网民的主体意识增强。互联网是可以改变人们传统观念的。互联网的发展，公众对社会公共话题关注和讨论的积极性空前高涨，网民主体意识、维权意识、民主意识在不断增强。重大决策引起争议、重大项目引发很多群体事件，根本原因就在于此。

第二，民意表达的主渠道正在偏向网络。如果常规民意表达渠道不畅通，传统媒体未能充分发挥舆论场的功能，民意表达就会被“挤压”到网络世界中，以网络舆论事件的形式释放出来。目前，网络承载着更多的民意表达、情绪宣泄功能。以前民众有问题会一级一级地上访，而现在会直接在网络上发布消息。

第三，社会心理失衡。分配不公、官员贪腐、社会流动渠道不畅等现实问题导致社会心理失衡，甚至颠覆传统的价值观，原本应该抱以同情或善良去理解的事件，反而从另一个角度以偏激的情绪去看待，最终导致舆情失焦，这一现象要引起我们高度重视。

第四，公众人物、知名企业和公共机构，始终受到舆论的关注。网络平台和社交媒体就像一个舞台，聚光灯、追光灯永远打在他们的身上，因此，他们的一言一行、举手投足都会受到舆论的关注，他们更容易引发舆情。比如李天一的事情发生后，很多报纸没有把它放在法制版而是放在娱乐版，就是因为很多人都是用娱乐的心态来看这些名人的问题。

第五，一些管理部门信息不畅，部分媒体的选择性报道无法满足公众的知情权。毫无疑问，重大突发事件容易引发舆论关注。但许多重大突发事件的处置过程中，一旦涉事部门没做到信息公开，媒体选择性报道，会导致公众的知情权没有满足，谣言就会产生，成为网络舆情升温的助燃剂。

第六，一些官员的“雷语”频频挑战社会常识以及民众的心理承受力。官员“雷人雷语”和奇葩作为频出，有些事件本身很简单，但因为某个发言的官员的词不达意，出现次生伤害，生成第二波舆情。目前，舆论场时刻关注官员的发言，官员只要说错一句话就会立刻成为舆论关注的焦点。因此，政府官员应提高公共发言演讲的综合能力。

此外，现在微博微信已经成为信息传播的重要途径，很多事件通过微博微信快速传播。我们不经意间的复制、粘贴、转发就会导致瞬间裂变式的传播，使某事件骤然升温。还有一些意见领袖、网络推手、海外势力，出于各自的利益目的，有意识地在幕后推动一些事件的升温。

3. 舆情事件生成机制

舆情事件的生成分为四个阶段：话题出现、议题聚合、事件放大、舆情消失。

舆情事件的话题出现不外乎两种情况：一种是网民在“民间舆论场”爆料引起众人围观导致舆情事件升温，另一种是媒体在“主流媒体舆论场”报道中对某一事件予以关注导致这个话题出现并产生舆情。

舆情事件如果是最初以“网友爆料”的形式出现，那必须引发其他网友“围观”才能形成舆情。网友围观表现为转发、跟帖、点赞等行为。围观的人群当中不能只是普通草根，必须有大 V 或媒体人参与。如果没有大 V 或媒体人参与围观，舆情事件很难明显升温。如果舆情事件最初来自“主流媒体舆论场”，由媒体报道而导致话题出现，必须有其他媒体跟进，媒体报道产生互动和呼应。议题聚合后，舆情事件必然升温。这一过程中，仅靠某单一媒体是难以把一个事情炒成热点的。

那么舆情事件在什么时候才能达到一个传播高潮呢？我对大量舆情事件的发展过程作了研究后发现，任何一个事件要达到传播高潮，必须经历一点：无论该事件的话题最初出现于社交平台或其他自媒体，还是传统媒体，在话题升温过程中必须引发交互，才能把这个事情推到一个传播的高潮。也就是说，“民间舆论场”与“主流媒体舆论场”产生交互和碰撞。以微博平台为例，微博上每天都会出现很多热点事件和热搜词条，但是并非每一个微博热搜背后的事件都能引起官媒关注、报道，进而达到传播高潮，大部分热搜词条只是昙花一现。媒体每天也会报道很多新闻事件，但绝大多数内容都无法吸引公众眼球，得不到网民的广泛关注，达不到传播高潮。

经过涉事部门的妥善处置，网络舆情热点最终将衰微或消退。热点持续一个时期后，网上会涌现更吸引公众眼球的热点事件并产生新的刺激，多数网民会自动转向新的目标。于是，原来的热点舆情便慢慢冷却，最终沉寂下来。

当然，依照舆情自身的变动规律，那些影响深远、关系重大的事件对网民的刺激和引发的舆情，可能只是“阶段性沉寂”，一旦有新的诱因或关联性的事件发生，极有可能被网民旧事重提，再度成为热点。

上述四个不同阶段，每一个阶段有其不同的表现特征，不同阶段的舆情处置策略也必须相应调整。

第 11 讲

官员大 V 的新媒体观

——杜少中谈政务新媒体与公共传播

一说到大 V，你的第一反应是不是网红、八卦、段子手？在社交媒体高度普及的今天，大 V 是具有引领作用的账号，更多的政府部门、官员和社会组织的微博账号，都镶着一个不同颜色的“V”，跟随着几百万甚至上千万的粉丝。著名的微博官员大 V——“巴松狼王”杜少中来到中国传媒大学，为中国传媒大学学子讲解新媒体与公共传播的那些事。

主讲人简介

杜少中，现任中华环保联合会副主席，北京 2022 年冬奥会和冬残奥会可持续性咨询和建议委员会副主任，中国传媒大学媒介与公共事务研究院资深实践教授、健康与环境传播研究所所长；曾获 2006 年绿色中国年度人物称号，2016 年中华环境奖，2018 年德国卡洛维茨可持续发展国际奖。

杜少中的个人微博 @巴松狼王是知名的官员微博，2018 年获第三届“百名网络正能量榜样”称号，已出版专著《微薄之力在微博》《微聊环保——新闻发言人网上网下的故事》，主编《环保 365》等书。

“我”眼中的政务微博

2011 年 1 月，我刚开通微博的时候，舆论环境并不乐观，无论是主动发布还是回答问题，甚至连自我批评和主动检讨，都会迎来网友的“拍砖”。但归根结底，这种“恶劣”的环境是我们自己造成的。在过去的很长一段时间，政府部门的信息发布工作处于“挤牙膏”的状态，公众问一点儿，我们说一点儿，主动发布十分有限；即使进行了主动发布，也难免存在“公众找不到，找到看不懂，看懂传不出”的问题。比如，生态环境保护需要全体社会成员的共同参与，公众对环保问题的关注度、兴趣度显著提升，如果相关部门不落实信息公开的要求，不采取主动发布的措施，如何保障公众的知情权、参与权、监督权？

中国共产党人的初心和使命是为中国人民谋幸福，为中华民族谋复兴；而政务新媒体的初心就是通过新技术、新手段、新方法激活原有的体制机制，在新时代更好地为人民服务。政务新媒体关键是要做好政务，让该热的热起来，不该热的冷下去，保持住温度，不盲从热度。政务新媒体可以像其他媒体一样寻求外部的技术支持，但不能将政务“外包”，要身体力行、全心全意走好网上群众路线，让人民群众切实感受到指尖上的网上政府贴心及时的魅力和持之以恒的温暖。

党的十八大以来，习近平总书记高度重视全媒体建设和媒体融合发展，特别强调“正能量是总要求，管得住是硬道理，用得好是真本事”，也要求各级领导干部要“学网、懂网、用网”。2013 年以来，国务院办公厅每年都印发关于政务公开的文件，其中必谈政务新媒体，而且强调的程度越来越高，要求越来越具体、全面。2018 年年初也发了这样一个文件，12 月还出台了一个专门的文件《关于推进政务新媒体健康有序发展的意见》（国办发〔2018〕123 号）。作为政务公开的重要内容，政务新媒体越来越突出地提到各级政务机关的日程上来。其中一些突出的舆情发生也从反面告诫人们，政务新媒体非建设好不可。如 2017 年 2 月，丽江古城区委宣传部官微“古宣发布”发布了一则微博“国家旅游局对云南丽江古城景区等 3 家 5A 级旅游景区给予严重警告，限期 6 个月整改”。有网友就此消息在“古宣发布”评论区留言称，“永远不会去的地方就是丽江”，而“古宣发布”回复称“你最好永远别来！有你不多无你不少”。此回复一石激起千层浪，态度之傲慢令人咋舌。随后云南省丽江市古城区委对宣传部副部长、外宣办主任作停职检查处理，并进行党纪立案，责令古城宣传部做出深刻检讨。这场舆情危机反映出相关部门媒介素养的不足。

新媒体时代的环境传播

2011 年 1 月，我开通微博的时候，身份还是北京市（原）环境保护局党组副书记、副局长、巡视员、新闻发言人。按照当时的规划，网络也要建立新闻发言人制度，所以我决定先“试水”。当我的微博活跃起来以后，时常被问的一个问题就是：环保和互联网有什么关系？

2014 年 11 月 21 日，我受邀参加第一届世界互联网大会·乌镇峰会的“网络名人论坛”。我在会上发言并发了微博。有人问我来互联网大会干什么？我的回答是：第一，环保需要最广泛的公众参与，互联网可以给公众提供参与的平台；第二，环保需要多方合作，互联网可以给各方提供更多机会；第三，环保需要信息对称，互联网可以让信息不断趋向对称，让公众的知情权、参与权更好地落地。环境问题专业且复杂，知识不科普，情况不周知，我们怎么和公众心往一处想、劲往一处使？环境保护人人有责，画好最大同心圆，必须从信息公开做起。

公众的环保意识不强，在很大程度上，应该归因于环保科普力度不够。每一个污染事件的背后，都有若干被污染的心灵。环保公众参与的魅力，就在于通过亿万人的参加和无数具体行动，持续不断地清洗那些被污染的心灵。青少年是环境保护的重要参与者、践行者，我一直致力于向青少年朋友宣传科学的环保理念。

2015 年 8 月，我受邀参加了在成都举办的“千名青年环境友好使者夏令营”，与同学们交流环保问题、分享环保故事。一名学生在现场说：“垃圾是放错地方的资源，人类的聪明才智迟早有一天会把其中有用的东西都提取出来为人类服务，所以我坚决反对垃圾焚烧。”这种说法引起了我的兴趣，问大家还有谁同意这位同学的观点。在场的几百名同学中，有三分之二的同学高高地举起了手。我给出了这样的回答：“如果我是一个理想的环保主义者，我完全同意你的说法。这是多年来大家的观点：没有真正的垃圾，垃圾都可变废为宝，今天解决不了的问题明天都可以解决。但作为一名环保工作者，我坚决反对你的说法和做法。明天很美好，可是今天垃圾围城，我们怎么活到明天？有人说，把垃圾放到没有人的地方。请大家看看，现在哪儿是没有人的地方？还有人说，这一代人的聪明才智不够，可以把垃圾留给子孙后代处理。一代人有一代人的任务，我们自己产生的垃圾，为什么留给后代？你们今天是大学生，还在学习环境保护知识，观察各种环境问题；明天你们走上社会，不久就得站在跟我一样的位置上，处理一系列环境难题，你们会怎么样呢？”垃圾循环利用，要结合现实情况。现场我请同学们将垃圾处理三个目标，即无害化、减量化、资源化，与垃圾处理三种方法，即卫生填埋、堆肥、焚烧做连线，看哪种组合更好。同学们各抒已见，讨论十分热烈，最后达成了完全的共识。我表明了观点，也发了微博，特别提醒大学生们，与其一味反对垃圾焚烧，不如参与全过程，既是实践，也是监督，共同为减少垃圾带来的污染贡献力量。

巴松狼王

2016-11-23 10:38 来自 微博 weibo.com

垃圾处理三个目标：无害化、减量化、资源化。处理三种方法：卫生填埋、堆肥、焚烧。只有焚烧一种最可能实现三个目标，当然这说的是规模化焚烧，不是随意焚烧。焚烧，只要选对技术，投够了钱，污染是可以解决的。现在问题多不出在这，而是操作中各种不靠谱儿。所以大家不能一味反对，而是要全过程监督。

新媒体时代的新闻发布

结合自己多年做新媒体的体会，我将新媒体新闻发布概括为六点。

· 常设的发布厅，双向的发布会

· 本职 + 相关 + 传播

· 有效的信息服务

· 有图有真相，直播更精彩

· 多说“人话”，少说官话

· 讲故事时传播的最高境界

其中三条需要特别解释。

第一，政务新媒体是常设的发布厅和双向的发布会。在传统媒体时代，新闻发言人与公众沟通的途径主要有两种，一是召开新闻发布会，二是接受媒体采访。发布会是定期或不定期召开，基本形式是台上发布台下听，媒体提问发言人回答，一场两个小时的发布会最多也就 20 多人提问。新媒体条件下的沟通就不一样了，发一条热点微博，会有很多人提问，很多提问都需要回答。提问和回答都透着鲜活快捷、接地气的风格。

传统的新闻发布还有一种局限，内容由发言人提供，传播渠道却在媒体手中，如果出现媒体失实报道，发言人有口难辩。新媒体时代以来，新闻发言人可以通过微信、微博等新媒体建立自己的发声渠道，发言人既是内容的生产者，也是信息的传播者，可以“原汁原味”地表达观点、声明立场、抒发情感，不必担心受“标题党”所累。

2016 年 11 月，原环境保护部开通“环保部发布”微博、微信公众号，通过新媒体新闻发布平台发布新闻稿、重要讲话、政策文件、法规标准、进展措施等信息。2017 年 3 月，为提升例行新闻发布会的传播效果，原环境保护部在官方微博开设“图文直播”专栏，将现场会议中答记者问的内容逐条发布。这既有利于增强环境宣传工作的时效性和影响力，也有利于回应社会关切，接受舆论监督。

第二，多说民众听得懂的“人话”，少说民众不爱听的官话。强调少说官话，不是一概排斥官话，而是希望官员说话要接地气。官话可以分两种：一种是“官方”的话，如正式文件、规定、讲话等官方语言；另一种是“官样儿”的话，是呆板枯燥的套话、毫无用处正确的废话。前者不能少，因为官方文件是用来执行的，对其严谨性提出了很高要求；而后者要尽量少，努力避免，“官样儿”的话是对舆论环境的一种污染。如某次火灾致多名消防员牺牲，该市公安局官方微博在通报基本情况的 600 字的信息中，多是套话，少有事实，甚至没有牺牲消防员的姓名。该通稿引发了网友的强烈不满。舆论引导必怀一颗真诚之心，大多数人看不懂的话少说，自己不信的话别说。

第三，讲故事是传播的最高境界。一些公务人员习惯了背稿念稿，不分场合地长篇大论，而且是低着头“自言自语”，却忘记了最动人、最有效的宣传方式，就是用故事传播中国好声音。新媒体传播仍然讲究“内容为王”，故事就是优质的内容，经得起实践和时间的检验，新媒体传播不能因为怕挨骂就不敢说真话，更不能为赢得一时的掌声就编假话。做好新媒体时代的公共传播，就是要通过新媒体平台将科学真实、于人有益的故事用通俗易懂、生动鲜活的表达传递给公众，这样才能入耳、入脑、入心，让人印象深刻，促人实践行动，从“纸上谈兵”的理念变为“从我做起”的现实。

受众在哪里，宣传思想工作的着力点和落脚点就要放在哪里。党政宣传部门、新闻发言人都应通过新媒体渠道积极发声，发布权威信息、宣讲重要政策、科普解读释疑、回应社会关切、动员公众参与，形成横纵贯通的传播体系，塑造坚实的舆论阵地。

第12讲

网络传播：学术挑战与发展机遇

——严军琦谈复杂网络与网络动力学

在经典的大众传播研究中，一般会用若干模式来反映信息从传播者到接收者的过程，从而形成了大众传播模式论，这也影响了我们对于信息传播过程的理解。然而，信息传播网络越来越复杂，这也导致人类社会网络越来越复杂。我们生活在一个复杂的、庞大的网络结构中，个人、群体、社会都被网络所影响。六度空间理论、弱连接、三度影响力等大众传播领域的理论概念，也对日常生活产生了深刻的影响。接下来，严军琦教授将带你认识什么是复杂网络以及网络动力学的基本面貌。

主讲人简介

严军琦教授现任中国传媒大学现代传播创新与发展研究中心执行主任，

中国传媒大学新闻学院与MBA学院教授、英国北安普顿大学艺术与科学学院访问教授、美国硅谷核心逻辑（CORELOGIC）芯片设计公司创始人。研究领域涉及科技、文化、体育、新媒体产业发展、区域经济发展、企业发展、网络学、动力学等众多项目。

严军琦教授1986年赴美国留学，先后获得美国斯坦福商学院战略管理与规划硕士学位、加州大学信息博士学位，美国斯坦福大学商学院研究生院校友会会员，个人拥有四项美国信息技术专利。

传播是什么？灵魂的沟通

每个人对于传播都有自己的看法，我们引用香农（Shannon）的定义来阐释传播究竟是什么：传播是一个人的思想影响另一个人思想的过程，也就是说传播是灵魂上的交流。但是我们要注意区分传播与宣传、散布、渗透之间的区别。

> **香农（Shannon）**
>
> 克劳德·艾尔伍德·香农（Claude Elwood Shannon，1916年4月30日—2001年2月24日）是美国数学家，信息论的创始人。1936年获得密歇根大学学士学位。1940年在麻省理工学院获得硕士和博士学位，1941年进入贝尔实验室工作。香农提出了信息熵的概念，为信息论和数字通信奠定了基础。主要论文有：1938年的硕士论文《继电器与开关电路的符号分析》，1948年的《通讯的数学原理》和1949年的《噪声下的通信》。

宣传（propaganda）指的是一种带有目的性的表达，散布（dissemination）、渗透（percolation）则意味着大范围无目的的传播，而传播则是灵魂之间的沟通。虽然其方法不尽相同，但本质来说都是把消息从一个地方传到另一个地方，如同物理实验中，将紫药水滴入水后，紫药水逐渐从浓度高的地方向浓度低的地方扩散。

网络传播兴起的时代，发生了哪些变化？

在互联网技术快速发展的今天，传播发生了翻天覆地的变化。要想搞清楚网络传播时代究竟发生了什么变化，让我们先看传统传播系统是怎样的。传统的传播系统是规模已知的线性系统。例如在 1949 年打电话是通过交换机实现的，每次打电话时，主叫方只能通过一个交换机对应一个被叫方，即传播对象，连接十分有限，传播对象的数量和交换机的容量呈正相关关系，即线性成长关系。

然而随着科学技术的进步，今天的传播系统发生了变化。

首先是传播环境的变化。从前的口头传播、语音传播转向现在的图像传播、视频传播等多媒体、新媒体传播系统。传播媒介也发生了变化，而传播渠道的改变让传播媒介的效率大大提高。

其次是传播成本的变化。技术的发展大大降低了传播门槛，以前我们只能通过报纸公开传播自己的话语，而信息上报需要大量的经济成本；现在只要找到一台可以联网的电脑或手机，即可在网络论坛、微博、微信中传播消息。传播的购置成本、使用成本和运营成本都大大降低。

再次是传播主体的变化。传播主体从传统的媒体机构向个人转变，每个社会阶层的人都拥有传播的权力和机会，每一个人都可以成为传播的主体。网络传播带来的挑战之一便是传播主体不再明确，主客体之间可以互相转化。

传统媒体的传播路径是自上而下式的，传播主体是拥有媒介使用权的专业媒体，客体是被传输的被动个体即观众或听众。然而在网络发达的今天，原本封闭的意见被网络化的个体联系起来，网络成为普通个体公开自由表达的广场。人人都有麦克风的今天，媒介使用权下放，传播主体下移，原本拥有特殊规范地位的传统媒体渐渐让位于随机动态变化的个体受众，人们开始从网络获取一手资料和新闻信息。原本边界清晰的传播系统由于传播渠道的扩大而逐渐模糊，传播系统变成了复杂的非线性系统。

复杂性和复杂系统

复杂系统（complex system）又是什么呢？是基于局部信息做出行动的智能性、自适应性主体的系统。复杂系统是一个很难定义的系统，它存在于世界的各个角落。

复杂系统的第一个特征是其增长方式的非线性和不确定性。例如过去我们只能用交换机传播给不同的对象，而现在各种各样的连接方式为传播创造了多种可能。这个系统很难通过自变量的变化推算出因变量的变化，如同蝴蝶效应，初始条件的微小差异，会导致最后的结果有巨大的不同。

复杂系统的第二个特征是涌现（emergence），它具有不可还原性。就像非洲白蚁，它会根据内部的地盘，发展出不同的巢穴，内部结构在不断涌现，但此过程是不可逆的。

复杂系统的第三个特征是自组织（self-organization）具有协调性和秩序性。

复杂系统就是具备这些复杂性的系统，网络传播就是其中一种，类似的还有食物链。

如此，我们也可以这样描述复杂系统：第一，不是简单系统，也不是随机系统；第二，是一个复合的系统，而不是纷繁的系统；第三，复杂系统是一个非线性系统；第四，复杂系统内部有很多子系统，这些子系统之间又是相互依赖和通过简单规则互动的，子系统之间有许多协同作用，可以共同进化；第五，系统中的子系统的简单互动会导致涌现的系统状态。在复杂系统中，子系统会分为很多层次，作用也各不相同。

复杂系统的空间结构是复杂网络。每个复杂系统都可以一个网络来定义处于不同状态的系统组成部分之间的相互作用或关系。复杂网络（Complex Network）是指具有自组织、自相似、吸引子、小世界、无标度中部分或全部性质的网络。简而言之，复杂网络即呈现高度复杂性的网络。其复杂性主要表现在以下六个方面。

第一，结构复杂，节点数目巨大，网络结构呈现多种不同特征。

第二，. 网络进化，可产生新节点或连接，旧节点和连接也可消失。例如万维网（www network），网页或链接随时可能出现或断开，导致网络结构不断发生变化。

第三，连接多样性，节点之间的连接权重存在差异，且有可能存在方向性。

第四，动力学复杂性，节点集可能属于非线性动力学系统。例如节点状态随时间发生复杂变化，且网络状态可能呈涌现性。

第五，节点多样性，复杂网络中的节点可以代表任何事物。例如，人际关系构成的复杂网络节点代表单独个体，万维网组成的复杂网络节点可以表示不同网页。

第六，多重复杂性融合，即以上多重复杂性相互影响，导致更难以预料的结果。例如，设计一个电力供应网络需要考虑此网络的进化过程，其进化过程决定网络的拓扑结构。当两个节点之间频繁进行能量传输时，它们之间的连接权重会随之增加，通过不断的学习与记忆逐步改善网络性能。

复杂网络一般具有三个特性。

第一，小世界特性。复杂网络，尽管节点规模很大，但是任意两个节（顶）点间却有一条相当短的路径。这反映的是某节点相互关联其他节点的数目可以很小但却能够连接世界的事实。例如，在社会网络中，人与人相互认识的关系很少，但是却可以找到很远的无关系的其他人。正如麦克卢汉所说，地球变得越来越小，变成一个地球村，也就是说，地球虽大，但人构建了社会网络的小世界。

第二，集群特性，即集聚程度的概念。例如，社会网络中总是存在熟人圈或朋友圈，其中每个成员都认识其他成员。集聚程度的意义是网络群组化的程度，这是一种网络的内聚倾向。连通群组概念反映的是一个大网络中各集聚的小网络分布和相互联系的状况。例如，它可以反映这个朋友圈与另一个朋友圈的相互关系。

第三，幂律特性，即符合幂律的节点度分布。节点度指的是网络中某个顶（节）点（相当于一个个体）与其他顶点关系（相当于网络中的边）的数量，度的相关性指顶点之间关系的联系紧密性，呈现复杂性的网络其节点度分布符合幂律（Power Law）。这也是马太效应在复杂网络中的体现：复杂网络中只有少数节点具有高节点度，而大部分节点都具有低节点度。

不同部门员工网络图

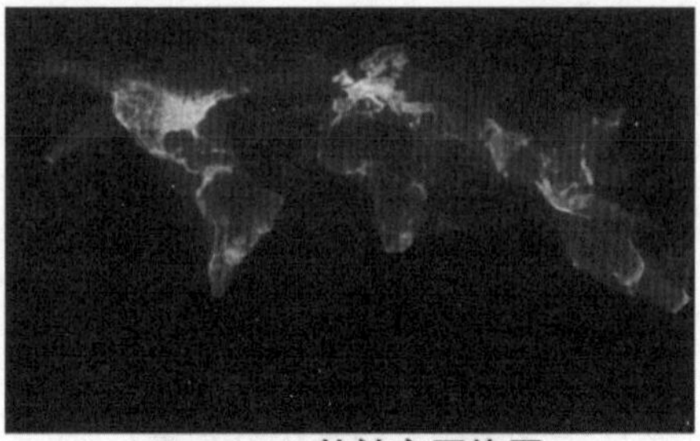

Facebook 的社交网络图
（复杂的传播系统网络）

复杂系统的量化研究

复杂系统是如何量化的？第一是通过复杂系统组成部分的状态。复杂系统的组成部分在空间中通过位置、动量、自旋等来描述。第二是通过系统的状态。例如水分子受热后获得热量，导致整盆水沸腾变热。系统在空间中的完整描述要通过温度、磁化、熵等来度量描述。

个体状态与系统状态联系复杂系统的组成部分也会产生相互作用，组成部分的行为动作，碰撞、吸引等会影响其他组成部分，例如个体水分子运动特别快，则水温会上升极快。在现实生活中也是如此，例如网络中一个个体发表意见，其周围朋友也会发表相似意见，随后一个群体开始发表相似意见，形成舆论。这样就由微观状态的变化导致宏观变化，局部舆论形成整体舆论。系统组成成分之间相互作用，改变系统状态。

复杂网络的量化研究有两个方向：一是复杂网络的静态结构，系统的静和动都是相对的，从某种意义上讲，可以认为在宏观上没有活动部分的结构系统或相对静止的结构系统为静态系统；二是复杂网络的动态演进，是指过程中由于相互运动造成系统变化。

现代网络传播系统背后的网络是基于互联网的技术网络与给予关系的社会网络叠加的空间结构，包括技术网络上在线传播、现实社会网络中的传播，以及两者的结合。这种重叠使传播系统的网络非常复杂。

专门研究复杂系统网络的理论是网络学，系统网络的量化研究工具被称为图论。

图论

图论（英语：Graph Theory），是组合数学的一个分支，和其他数学分支，如群论、矩阵论、拓扑学有着密切关系。图是图论的主要研究对象。图是由若干给定的顶点及连接两顶点的边所构成的图形，这种图形通常用来描述某些事物之间的某种特定关系。顶点用于代表事物，连接两顶点的边则用于表示两个事物间具有这种关系。图论起源于著名的哥尼斯堡七桥问题，该问题于1736年被欧拉解决，因此普遍认为欧拉是图论的创始人。①

网络学是研究点跟线的网络结构的，换句话说，它们得连起来；而图论研究单独一个点、一根线。因此我们的量化研究就是把复杂网络的一部分变成点，然后把复杂系统组成部分之间的关系变成线。

网络传播系统图论

图主要分为有向图与无向图。一个有向图D是指一个有序三元组(V(D)，A(D)，ψD)，其中ψD为关联函数，它使A(D)中的每一个元素（称

① 卜月华,吴建专,顾国华,殷翔.图论及其应用(第一版)[M].南京:东南大学出版社,2007.

为有向边或弧）对应于 V(D) 中的一个有序元素（称为顶点或点）对。边没有方向的图称为无向图。ψD 定义 V(D) 中节点是如何通过 A(D) 中的边进行关联或相互作用的，ψD 既用于定义节点间的连接，也决定节点间的互动导致的节点间的连接的动态变化。

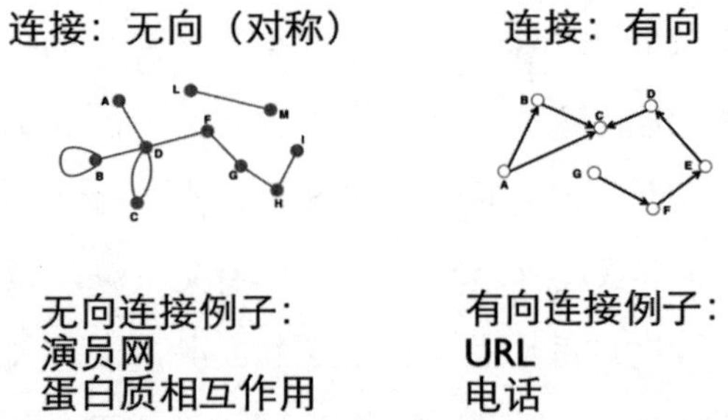

网络传播系统的有向图与无向图

有向图和无向图是如何计算的呢？把一个图变成矩阵（系统的数学表达方式），那这个矩阵里面的元素表示节点上的度，度指的是节点的连接个数。比如一个人 A 是一个节点，他的朋友 B 是一个节点，AB 之间连出一条线，这个节点度就是 1，因为 AB 两人只跟彼此连，元素值实际上代表那个点的度数。通过量化后，可以计算这个矩阵的特征，而矩阵的特征与所代表的网络特征相关。

矩阵

在数学中，矩阵（Matrix）是一个按照长方阵列排列的复数或实数集合，最早来自方程组的系数及常数所构成的方阵。这一概念由 19 世纪英国数学家凯利首先提出。矩阵的运算是数值分析领域的重要问题。

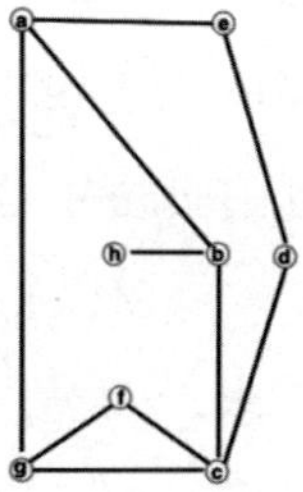

	a	b	c	d	e	f	g	h
a	0	1	0	0	1	0	1	0
b	1	0	1	0	0	0	0	1
c	0	1	0	1	0	1	1	0
d	0	0	1	0	1	0	0	0
e	1	0	0	1	0	0	0	0
f	0	0	1	0	0	0	1	0
g	1	0	1	0	0	0	0	0
h	0	1	0	0	0	0	0	0

矩阵

传播网络的中观结构

传播网络的中观结构指传播网络中的群组及其相互的关联。这个概念是从社会学中的社会群组引申而来的，是指两个或两个以上在社会关系中相互关联的个体。用图论语言描述：一组连接紧密的节点，它们与其他连接紧密的节点之间的连接是稀松的。

传播网络群组的图论

高度中心度（degree centrality）和高集聚系数（cluster coefficient）的节点集聚一起形成网络群组。这样形成的网络群组内的连接可以认为是一种强链接，那么这样的网络群组与网络群组之间通过低度中心度且高介数（betweenness）节点连接，可以认为是一种弱连接。可以以矩阵为工具计算出关于节点的各类参数的数值，按不同的应用需求，归类连接以及网络群组的结构。这种中观结构的形成、发展、演进是网络群组动力学研究的对象。

网络群组动力学

网络群组动力学，一方面研究网络群体的动态发展与静态结构，包括网络个体与网络群体的关系，网络群组是如何形成的，什么能量能让群组保持稳定、不断发展或逐步解体；另一方面，研究影响网络群体动态的特征与行为，包括网络群体中个体特质与行为，群体中个体之间的互动与状态，网络群体的行为动态，群体间的关联，以及网络聚众与网络集体行为等议题。

“占领华尔街”时期，来自全美 100 多个城市的民众，都认为现行经济体制不合理、不公平，便自发结成网络群组（#OCCUPYWALLSTREET/#OWS group），为自己争取公平待遇，并引发了全球 1500 多个城市民众的响应与效仿。值得注意的是，在网络群组中，个人身份常常会丧失，只留下一个社会身份（society identity），导致出现“你是群组的一员，但不知道你是谁”的情况，再有就是有些人改变个体身份，在网络上匿名。这些现象很难用经典的传播学理论进行量化研究。

网络群组在传播中的现象有自媒体、圈子、网络聚众事件等。今天，社交媒体互相连接使群组关系更加紧密。然而有研究发现，规模性的网络群组实际很难影响现实社会行为，网络上虚拟社会的舆论影响现实舆论进而影响现实社会秩序的可能性有限。

网络传播系统的动态演进

网络传播系统的动态演进，研究的是网络传播系统从某个时刻到某个时刻个体相互作用行为对系统状态改变的影响，探究的是微观的状态改变与宏观状态改变之间的关联和因果关系。使用的研究工具为统计力学中的概率模型。统计力学在网络传播系统的动态研究方面能起到作用，如不同意见是否能够在相互作用的过程中达到一致、统一，也就是说微观个体的状态通过相互作用改变了自身状态，进而造成宏观系统状态的改变。

统计力学

统计力学又叫统计物理学，是研究大量粒子（原子、分子）集合的宏观运动规律的科学。统计力学运用的是经典力学原理。由于粒子的量大，存在大量的自由度，虽然和经典力学应用同样的力学规律，但性质上是完全不同的。它不服从纯粹力学的描述，而服从统计规律性，用量子力学方法进行计算，得出和用经典力学方法计算相似的结果。从这个角度来看，统计力学的正确名称应为统计物理学。

技术的进步对传播系统有重大影响，社会个体传播行为更方便，成本更低。传统的传播能力只属于有权势有财力的社会上流阶层，然而现在每个人都有传播的能力，这就是传播的公民化过程。有传播心理需求的社会微观个体与中观的传播社区构成了复杂的宏观网络传播系统。传播系统的复杂化，尤其是代表其空间结构的网络的复杂化，对传播学的量化研究提出挑战，激励我们使用复杂系统的研究方法对网络传播进行研究。我们研究复杂网络的方法有三个层次，分为微观、中观、宏观，不同的方法有不同的研究工具，也有静态与动态之分。目前，我们的机会在于回顾诸如统计力学、图论、网络学等经典理论，跨学科应用与发展经典理论，为传播学的进化做好自我升级的准备。

第四部分

社交媒体　智能时代

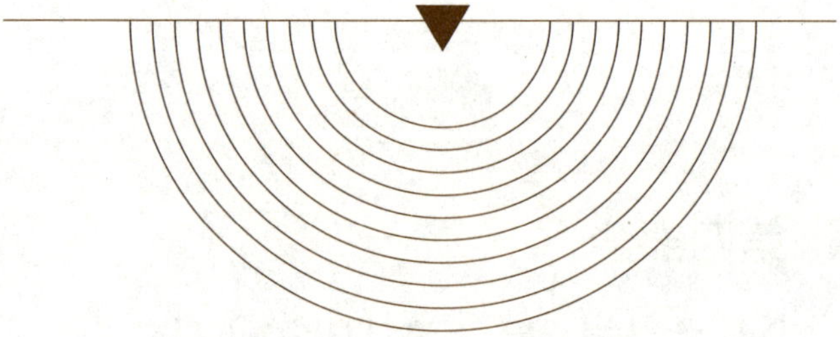

第 13 讲

传播格局的颠覆

——叶铁桥谈社交媒体对传统新闻的影响

“我从 2006 年开始工作，一直从事深度新闻报道。2014 年之后，我开始负责中国青年报的新媒体工作。十多年来，我都是在新闻行业度过的，今天就来谈谈我的老本行——新闻。我们不聊那些传统的新闻理念，只是分享我这几年做新媒体新闻的所学所感。”叶铁桥开场说。生活中的叶铁桥是一个有趣的人，他在《青年记者》上谈代际鸿沟时，自嘲经常被安利各种新奇的东西，比如他在玩的“抖音”[①]。然而在幽默的背后，我们看到的是一个专业的媒体人时刻保持对新鲜世界的思考和探知。

作为“刺猬公社”的创始人，叶铁桥被外界视为完成了从传统

① 叶铁桥.代际鸿沟与“原子化”社会[J].青年记者,2017(18):112.

媒体调查记者到新媒体创业者的转型。叶铁桥坦言："刺猬公社也是不进则退，大家都在拼命往前跑，如果我们仍是在工作之余维护它，就不足以维系它在行业中的美誉度和领先地位。"

"两年前埋下的一颗小小种子（即刺猬公社），今天需要花更多心思来培育它，我们的目标是关注内容行业的垂直领域媒体。中青十年，感慨万千，太多不舍，感谢老东家和老同事的帮助和支持。"叶铁桥的道别，也预示着他新的身份即将开始。"内容形态的变化应该是未来二三十年社会领域最为显著的变化，所以我们转向这个领域。"他强调，"我仍然是媒体从业者，不过是换了个阵地。"

在为《青年记者》杂志撰写的刊首语《独守苍茫》中，他写道："我在这个行业获得了自由。"

主讲人简介

叶铁桥，本科毕业于湖南大学，2006 年硕士毕业于北京大学新闻与传播学院，随后进入中国青年报工作，曾任特别报道部副主任，是有着 8 年深度报道经验的资深记者。2014 年 10 月，他接手中青报微博、微信，筹办官微运营室并担任主任。他曾被聘为清华大学新闻与传播学院专业硕士业界导师。

2016 年 11 月，叶铁桥从中国青年报离职，专职运营其 2014 年开通的微信公众号"刺猬公社"。

"刺猬公社"是关注内容产业的垂直新媒体。关注领域包括互联网资讯平台、社交平台、视频平台、音频平台、直播平台，以及影视文娱、内容创业、二次元、游戏等。创立以来，"刺猬公社"坚持深度、原创内容生产，产出原创优质报道达 3000+，平台累计用户数超过百万，深受科技互联网圈、泛传媒圈及数字内容产业人士关注，同时在全国各大高校也深具影响力和传播力。

社交网络对新闻的影响

舆情事件经常发生。有一次，北京出现了一个舆情焦点，我们的一个实习生突然在群里说，其实他和事件的主角有一些联系。我把他的联系链条分享到朋友圈，后来又陆续有人在我的朋友圈留言表示，与事件主角有或多或少的联系。通过这个可以看出，当今这个时代，人与人之间的关系链很容易被发现，要找一个人是非常方便的。

1. 六度分隔理论

六度分隔理论可以通俗地阐述为："你和任何一个陌生人之间所间隔的人不会超过六个。也就是说，最多通过六个人，你就能够认识任何一个陌生人。"最早的例子来自匈牙利作家卡林西的一篇小说，他虚构了一位人物，通过六个相识的关系和一位诺贝尔奖获得者联系了起来。这是最早提出六度分隔概念的人，当时只是一个小说家的想象。20 世纪 60 年代，美国社会学家米尔格兰姆从内布拉斯加州和堪萨斯州招募了一批志愿者，随机选出其中的 300 名，请他们邮寄一个信函。信函的最终目标是米尔格兰姆指定的一名住在波士顿的股票经纪人。这两地间相隔约 1600 公里，大概就是从北京到湖南的距离，相当于我现在给大家每个人一封信，让你们寄给湖南省怀化市某个县下面某个乡镇的某一个乡村教师。你们根本不认识他，那怎么寄给他呢？你们第一步会把信寄给离他最近的人，对吧？比如说你们在湖南省有同学、有亲戚，或者有朋友，你们首先寄给在湖南跟你们熟悉的人。

同样，米尔格兰姆让志愿者把信函发送给他们认为最有可能与目标建立联系的亲友，并要求每一个转寄信函的人都回发一个信件给米尔格兰姆本人。出人意料的是，有 60 多封信最终到达了目标股票经纪人手中，并且这些信函经过的中间人的数目平均只有 6 个。也就是说，陌生人之间建立联系的最远距离是 6 个人。

2. 三度影响力

在六度分隔理论的基础上，美国社会网络研究者尼古拉斯 · 克里斯塔基斯和詹姆斯 · 富勒又写了一本书——《大连接》，提出“三度影响力”的概念。书中指出，我们所做或所说的任何事情，都会在网络上泛起涟漪。这些涟漪会分三个层次产生影响：第一度是我们的朋友，第二度是我们的朋友的朋友，第三度是我们的朋友的朋友的朋友。

《大连接》这本书谈道，三度影响力适用于态度、情绪和行为的传播，也适用于政治偏好、肥胖和快乐等现象的传播。这意味着我们每个人除了受核心关系圈的影响，也会受到很多朋友的朋友的影响。比如你开始进行一项跑步计划，你会邀请你的朋友跟你一起跑步，或者，你的朋友可能会模仿你也开始跑步。同样，互为朋友的两个人，如果其中一个人发胖了，那么，另外一个人发胖的风险几乎是原来的 3 倍。还有一些情绪的传递，每一个快乐的人，会让朋友快乐的概率增加 9%，每一个不快乐的人，会让朋友的快乐减少 7%。总是感觉孤独的人，其朋友数量会在 2 到 4 年内减少 8%；平均而言，一个人一年感到孤独的天数是 48 天，一年内每增加一个真正的朋友，感到孤独的天数就会减少两天。

3. 社交网络对新闻的影响

我们现在越来越习惯通过社交媒体阅读新闻。社交关系成为传递新闻的重要通道，每一个朋友都是新闻编辑。2018 年皮尤研究中心的数据显示，68% 的美国成年人从社交媒体上获取新闻资讯；脸书的新闻用户占比遥遥领先，高达 43%。

在国内也是一样，2018 年腾讯公司的企鹅智库发布报告，基于近 4 万人的调查结果显示，在中国互联网资讯消费者中，平均每天用于资讯的消费时间为人均 76.8 分钟，其中 73.7% 的用户每天会拿出 30 分钟以上的时间看资讯。在社交平台分享转发新闻，也就意味着，朋友将取代专业人士，扮演“编辑”的角色。

4. 严肃新闻难以被分享

因为情绪可以在社交网络上传染，而现在中国最重要的社交网络平台——微信，是熟人社交的工具，所以，公共性的严肃新闻难以被分享。从社交媒体关系这个角度来看，微博平台为什么会在近几年相对衰落？大家在朋友圈会更多地分享励志鸡汤、搞笑段子等，但是很少会有两个人在朋友圈互撕。这是因为在我们的朋友圈，基本上都是一度或者两度关系，大家是一种“强联系”。在微博平台上就不是这样了，很多网友是陌生人。在你发表观点的时候，不认同你观点的人就会直接“拍砖”。这对于我们做新闻有什么影响呢？深度报道和严肃性的新闻在社交媒体中是缺少生命力的。就像我们刚刚说的，每一个快乐的人让朋友快乐的概率增加 9%，我们发朋友圈会渴望发一些被朋友点赞的消息。心灵鸡汤类的、服务性的、带有强烈个人观点类的文章，更适合在微信上传播。微信倾向正向的传递，微博更倾向负面的传播。

5. 意见领袖的影响力增强

既然有社交网络，就会有处于中心位置和边缘位置的节点。处于中心位置的节点，能够获得中心性奖赏，因为很多人愿意对处于网络中心的人表现出利他行为。意见领袖在社交网络中就处于中心节点位置。有研究者发现，推特上的新闻传播过程基本上还是经典的“媒体→意见领袖→普通受众”的“二级传播”。企鹅智库的调查也发现，过半数的用户关注名人或企业账号获取信息。现在的意见领袖影响力更大，不仅有动辄百万千万的“粉丝”，有些意见领袖甚至还发展成为“克里斯玛”型人物。

如今分享变得更加便利，你看到一个好的东西，就可以通过社交平台发给你的同学，然后说这个东西挺有意思的，一定要看看。以前的时候，这种分享的行为往往依托一个物理介质，刚有了网络的时候，在网络上分享也不像今天这么便利，但是有了各种各样的社交媒体工具之后，分享变得越来越便利，社交分发成为一个很重要的渠道。

最近几年，所有的客户端都变成了个性化分发的客户端。比如腾讯新闻客户端会根据大数据推送用户想要的新闻，每个人的首页都是不一样的。但是在以前，腾讯新闻是按照精英化思维编辑给受众看的。两者的不同就在于分发的方式，根据用户的兴趣匹配内容，它让用户看到感兴趣的东西，吸引用户的关注，然后用户会变得主动起来；同时这也是被动的过程，用户主动去看的这些内容是平台根据用户兴趣提供的。这一特征现在正变得越来越明显，几乎所有的资讯客户端都采取了这种个性化分发的方式。

微传播对新闻的影响

微传播融合了传播学的各种模式，如大众传播、自我传播、组织传播、人际传播等。用微信如何实现自我传播？文件传输助手就是一个很好的案例，我们用它给自己发各种文件，或者收藏朋友圈中有用的文章，这些都是微信里的自我传播。

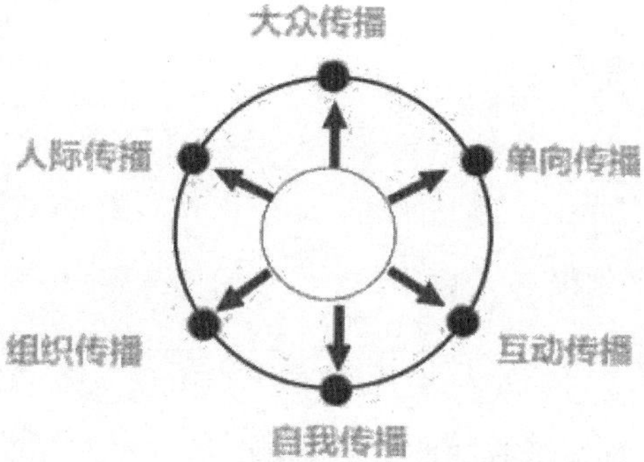

大众传播在微信上是怎么实现的呢？微信公众号就是报纸在网络中的一种存在形式。首先，它的传播方式和报纸一样，一点对多点传播；其次，出了错误不能改，只能回收或者撤回；最后，微信公众号和报纸一样，是缺乏互动的。以前我在报社和读者互动的方式就是写信，打电话的都很少。微信公众账号也是一样，文章发出去了很少会有人守着专门回复、互动，只有极少数的内容营销号是这样。这反映了大众传播缺少有效互动的通病。

我们现在已经进入一个移动互联网的时代，中国在移动互联网领域领先世界上很多国家。在移动互联网时代，每个人的信息接触习惯发生了很大的变化。有调查显示，2013 年有 46.6% 的用户每天使用手机终端的时间超过了 3 个小时。现在完全不一样了，如果去调查一个人每天使用手机、电脑等各种媒介的时长等，很可能会超过 24 个小时。因为我们现在使用的媒介都是实时在线的，比如随时用手机中的微信聊天，同时一边用电脑看剧，一边用 iPad 打游戏，这种现象在年轻人中间是很普遍的。

微传播的三个维度

第一个维度：微传播使用的工具是微小的；第二个维度：受众个体作为节点是微小的；第三个维度：每个人使用终端的行为是微小的。虽然微传播的三个维度都是微小的，但它们能产生巨大的效应。

1. 微传播为什么对报纸有如此大的影响

移动互联网到来之前，大量报刊创刊，都市报在 2000 年前后迎来了黄金时期；到了 2008 年，都市报的发行量和营业额还是不断增长的，这是都市报的黄金十年。在 PC 互联网时代，报纸没有面临太大的问题，但是到了移动互联网时代，报纸的发行量就遭遇了断崖式的下跌，这几年很多报纸都干不下去了。为什么移动互联网的发展和微传播的出现对报纸产生这么大的影响？简单来说，是因为不适配性以及仪式感的丧失。

从内容上来讲，报纸的内容在 PC 端看的时候没有不匹配的感觉，但是放到手机上就会有强烈的不匹配感。从我负责报社的微信微博的工作中能够明显地感受到，把《中国青年报》的内容搬到手机端时，看的人就特别少。电脑屏幕比较大，因此在电脑上看新闻有看报纸的感觉，视觉差异不是特别大，但是手机屏幕比较小，不适合阅读长篇的报纸的内容。

读者看报纸的时候，可能先要整理好心情，然后专门拿出一段时间来认真看。在电脑上看报纸内容也需要这样一个仪式感，要搬一个凳子，把电脑打开，然后用一段时间认认真真看网页上的电子报。因此，两者之间是能够匹配的。但是我们使用手机的外部场景是不断变化的，如等公交车、排队买饭等，人们使用手机来填充碎片化的时间，因此手机移动端的内容要有足够的吸引力，要与人们在任何状态下接收、阅读内容的场景相适应。阅读报纸的仪式感已经逐渐消失了。在手机上看严肃的内容，我们会觉得累，任何不好读的内容都难以在手机上传播。

我们经常说社会变得越来越表层化，越来越浮躁，人们很少专注地读书和思考了。在某种程度上，是受到移动终端的影响。

2. 微传播对新闻的三大影响

第一，微传播内容轻悦化倾向更强。梅罗维茨早在20世纪80年代就说过，媒介的长远发展趋势是内容越来越简单。从受众需求来看，阅读障碍和仪式感的丧失，使内容生产者要生产在任何环境下都适合阅读的内容，这种内容要使阅读者能在任何身体状况和心理情境下都能接受；再加上移动终端的屏幕偏小，任何不好读的内容都难以传播。所以有人说，碎片化阅读变得越来越表层化了，长文章越来越不受欢迎。

第二，微传播能激发病毒式传播的遍在效应。正如清华大学新闻与传播学院教授彭兰所言，人是信息社会的基础设施。在《认知盈余》里面，克莱·舍基写过这样一句话："我们曾经依靠专业的摄影记者来记录这个世界，现在我们越来越多地成为彼此的基础设施。"在这个时代，我们既是一个信息的接收者，也是一个信息的传播者；我们是这个时代的一个节点，而且是一个非常活跃的节点。虽然单就个体网民而言，他的每一次触屏操作都小得可以忽略，但是，一旦某个内容引发了共鸣，"小众就扩张为大众，陌生人就组成了声音嘹亮的行动集团"。"微传播"具有"滚雪球"效应，能产生病毒式传播的"遍在"效应。

第三，小微机构正在崛起。企鹅智库的调查发现，超过半数用户将自媒体内容放在和原创新闻报道同等重要甚至更重要的位置上。所以，新闻不意味着原创才有价值，也不意味着由专业机构生产才有价值，对新闻的诠释和挖掘可能更受用户欢迎。目前一些活跃的微信公众号已经成长为小微机构，内容生产力得以持续解放和发展。这种小的比大的活得好的趋势会越来越明显。

传播格局颠覆后的改变

总的来说，现在有两个框架在改变我们这个时代，第一个是社交网络，第二个是微传播。那传播规律改变了之后，传播格局会有什么改变？

1. 大规模业余化时代的到来

2014 年暑期，滴滴打车的一个大数据新闻很受欢迎，讲的是“今年最热的三天，哪几个国家部委加班最多”。这是一家商业机构而非专业新闻机构生产的大数据新闻。以前我们想到新闻，会把新闻直接和媒体画等号，但是现在的新闻，不一定是由媒体来生产，正如克莱·舍基所说，新闻可以不借助传统媒体而闯入公众意识。众声喧哗的时代，传统媒体对传播渠道的垄断权、控制权被打破了。

除此之外，在发生突发事件的时候，一开始我们所接触的新闻大部分来自社交网络，这意味着新闻的定义也发生了变化。我们对新闻的定义引用了陆定一的“新闻是对新近发生的事实的报道”，现在的新闻定义更倾向于“新闻是对新近发现的事实的报道”，比如现在有关官员落马的新闻，一般是爆料他之前做了哪些违法乱纪的事，大部分并不是新近发生的事。

有趣的是，社交媒体上新闻的把关人变成了你的朋友。就像之前所说，当社交媒体成为接触新闻的主要渠道，很多时候你是在看朋友分享的新闻，这时你的朋友就是一个编辑，他成为一个新闻的选择者和内容的组织者。

2. 分享才是关键

我们的世界正在进入一个分享的世界，人人都在享受分享带来的“红利”。想要分享的动机才是驱动力，分享才是愉悦的来源，因此缺乏分享力量的产品前途堪忧。这句话也是克莱·舍基说的，对新闻生产很有启示。现在做内容传播的人都在追求病毒式传播的效果，传播内容一定要有让人们共享信息、展示自我形象、维护关系、自我实现或者意见表达等动机。

3. 盈余比匮乏更难解决

PC 互联网建立在信息匮乏时代，移动互联网建立在信息过载时代。我们已经进入了一个盈余的时代，各种各样的东西，比如身上的衣服、鞋子，并不是破了才丢弃，而是不时髦了、不喜欢了。这给我们提出了一个很大的考验——抛弃哪个，不抛弃哪个。手机上的信息更是如此，活动多的人肯定感觉微信群太多了，微信好友的朋友圈已经刷不过来了。然而信息盈余也带来了新的商机，我们需要信息筛选的工具，这也是今日头条这类产品的核心竞争力所在。

4. 核心价值匹配新形式

不稳定、不均衡是常态，最优化不会持续太久。《基业长青》里写道："一些基业长青的公司之所以能存活 50 年以上，是因为它们保留了一小部分亘古不变的核心价值，在其他方面不断激发创新与发展。这里的其他方面可以指公司业务的转换，比如从采矿业转换到保险业。"

新闻形态也是如此。在我们这个时代，传统的新闻产品已经被夺去了光芒。要将传统新闻的核心价值以全新的形式匹配移动互联网，从而使用户看到高质量新形式的新闻内容。

第 14 讲

耳朵的延伸：风从视频吹到音频

——郭亮谈互联网语境下的音频产品

清爽的齐耳短发，齐眉的利落刘海，温柔娴静的笑容，配上纯色毛衣和格子围巾，郭亮看起来简洁大方又温文尔雅。

她是蜻蜓 FM 副总裁，金牌制作人，她也是一个爱折腾的人。2015 年年底，郭亮离开（原）中央人民广播电台时政部主任的职位，来到新媒体平台蜻蜓 FM，负责内容生产。她拥有传统媒体和新媒体领域的丰富经验，将从“三种关系的变化”“新闻作品到新闻产品”和“风从视频吹到音频”三个方面介绍互联网语境下的音频产品。

◤ 主讲人简介

郭亮，曾任中央人民广播电台中国之声时政采访部主任，高级编辑，现任蜻蜓 FM 副总裁。

在（原）中央人民广播电台工作期间，随国家领导人出访60多个国家，亲历和报道了许多重要事件和历史时刻，如中国加入世贸组织时唯一在多哈现场采访的中国广播记者等。她建立了独特的广播报道风格，作品多次荣获中国新闻奖。

加盟蜻蜓FM之后，和高晓松、陈文茜、郎朗、许知远、梁宏达、冯唐等嘉宾通力合作，领衔策划和制作了《矮大紧指北》《大师小课》《中国文化地图》《老梁通史》《中国文化地图》《冯唐成事心法》等颇有影响力的互联网音频原创内容产品。

受邀在中国人民大学、中国传媒大学、厦门大学、南开大学等高校举办讲座。

中国传媒大学新闻传播学部副学部长王晓红教授曾接到一个任务——在新媒体平台宣传“家风”。她要求学生们制作H5，主题是通过家风培养，塑造民族新人格。令人惊喜的是，学生们纷纷呈现出非常好的作品。那么，是不是已经做得很好了，就不需要再学了呢？

我们是在互联网中长大的一代，熟悉互联网的需求。互联网上的“爆品”数不胜数，可是很多年轻人做了一个“爆品”，就再也做不出第二个了。它“爆”一次就结束了，似乎周期非常短暂。那么，爆品背后是不是有规律可循呢？有这样一个活灵活现的比喻：“你们是一群特别可爱的小兔子，凭着敏感到处跑，就知道在哪能找到胡萝卜。可是，假如你们知道胡萝卜真正的生长规律是什么，才更有寻找的能力。哪怕季节发生了变化，地理位置发生了变化，只要你懂得这个规律，就能一直找到胡萝卜。”

但是实事求是地说，同学们的“家风”H5并没有成为“爆品”。即使有高点击率，还是有许多人不知道。在互联网时代，“爆品”是一个相对概念，真正的“爆品”传播还是有难度的。如何才能“爆”？如何才能被广泛传播？我们传媒人研究“爆品”的时候，要思考三个问题：除了节目的质量，信息的密度怎么样？心理预期如何管理？研究传播的冲动点究竟在哪里？

我是从传统媒体跨行到新媒体的。我在读书的时候，也有不喜欢的课程，比如采访和写作，但等我从事新闻工作后，又特别希望重回学校上课，因为我当时只看到了表面现象，没有看到里面的规律。现在整个学界都在面临一个全新的挑战：传统媒体如何转型？传统媒体人如何转型？其实蜻蜓FM和电台很像，只不过它是在互联网里做音频，通过一个手机、一个App实现传统电台的功能，相当于在自己手机里安置了一个广播电台。不同于爱奇艺、腾讯视频、优酷土豆都是专攻视频领域，蜻蜓FM是一个纯音频的网站，用户通过耳朵来收听，而不是通过眼睛来收看。可以说，这相当于电视机和收音机的区别。

在互联网产品快速更迭的今天，我们如何能一直找到爆品“胡萝卜”？这让我深切地感觉到，现在整个业界都特别需要学术的支持。

三种关系的变化

随着移动互联网时代的来临，人与人、人与媒体、人与商品之间的关系都发生了翻天覆地的变化。以前视频网站是看数据怎么样，根据点击量推广视频，好的节目会越来越多地被大家看到。而现在的网站，如果一共只有十个工作人员的话，两个人就可以把内容安排得很漂亮，剩下的八个人全去做视频的推广，因为后面的链条更大，传播学已经延展到了整个商业生态。我们要考虑不同的社区、不同的人群、不同的使用方法，比如只能在优酷看到的独家视频，怎么才能更多地推广，让不用优酷的人看到？

“爆品”的质量是非常好的，但是它只凭自己的水平，达不到“爆”的要求。现在有一些爆品做得很好，但是如果单靠自己的能力，也无法达到目前这种爆红的程度。举一个例子，我很喜欢一个叫“顾爷”的微信公众号，它推荐的内容特别好玩，能把枯燥的美术史用生动的故事讲出来。

顾爷公众号页面截图

在微博时代有一个叫蔡文轩的人，他是一个幕后推手，拥有几十个微博大号，由他的公司负责运营，让这些号之间互相推广。到了微信时代，他继续这样做。顾爷就是他很早发现的一个人，当时粉丝并不多，但是转发量非常高。他直接找小顾谈，比如他承担推广成本，小顾是他的签约作者，公众号赢利后，双方按比例分成。这其实和星探发现明星是一样的。现在小顾帮他挣钱，将广告结合进微信公号里的内容，让读者看广告都心花怒放，植入广告很成功。

过去，大家想要了解这个世界，需要在媒体上获得信息，商家就会找媒体合作。比如（原）中国人民广播电台每年都会通报当年的广告收入，再根据广告收入调整节目，吸引更多的听众，因为听众多了商家广告自然也就多了，这是以前的模式。有了互联网之后，人和媒体的距离越来越近，甚至融为一体。大家发现自己不需要切换媒介，在手机上就能了解一切，每个人都变成了媒体的创造者，每个人都是报道者。媒体和人的距离越来越近，商品和客户的距离也越来越近。媒体和商业在这种过程中逐渐融合。比如杜蕾斯本身是个商品，但它越来越像个媒体，因为它无法在电台、电视台做广告，而微信又是非常有效的平台，所以它自己在微信上发布内容，有趣地评论社会事件。商品自己跳出来做媒体，人接触媒体的时候，就直接接触到了商品本身。

从新闻作品到新闻产品

人通过媒体接触到商品是有一个过程的。过去我们认为新闻作品是从人走到了媒体，新闻作品只需要考虑内容。而现在我们理解的新闻产品并不是只有内容，而且有过程，要把全部流程走完，不仅要考虑内容，而且要考虑内容的推广和媒体的分发，让作品接触到更多的消费者，形成粉丝群，再将粉丝群与商业结合，把流量变成利润，整个流程全部完成了才可以叫作新闻产品。因此，现在做内容的思维和以前完全不同，要从根上思考这个产品针对的是哪个人群，什么样的商品跟它匹配；想好这两点，再去想它适合什么样的渠道、形式，最后想它要做什么样的内容。这与之前做内容的逻辑完全相反，是当前所需的产品思维。过去，作为一个记者，我思考应该如何挖掘材料、安排采访，怎么拿到当事人的独家资料，如何撰写内容、拍摄照片、编排文章，发出去之后就完成一个记者的工作。但是现在这只是整个链条的一小部分，真正的难点是后面与商业对接的部分。这也就是为什么两个人做内容，八个人做推广了。传播学的概念已经延展到商业生态了。

以前我在电台，只要思考怎么做好节目就够了，节目做好了以后有渠道分发，之后就是商业变现。我们不用想渠道问题，因为广播电台是强渠道，几乎每一户人家都有收音机，都会很自然地打开收音机；我们也不用考虑商业变现，因为我们有广告部，广告部的同事负责拉广告。进入互联网时代之后，我需要思考的东西太多了，我的焦虑来源就是喜马拉雅，这是一位很可敬的竞争对手，值得电台学习。

真正的互联网思维是要在做节目的同时想到分发渠道是什么，商业变现模式是什么。一个节目光有音频是不够的，要考虑怎么做成视频，怎么做成小说出版；小说火了以后怎么拍成影视剧，是不是可以找一个 90 后演员来饰演侦探，通过植入广告，比如他穿的夹克，用的相机、电脑，让消费者观看时不断地接触植入的产品，这样钱就赚回来了；上映后怎么找一个推手，在社交媒体上把这部剧推得特别火，让大家觉得没看过都不好意思出门那种，又挣到了第二桶金。

现在不仅要把项目做成爆款，还要研究它是怎么“爆”的，它在这个过程中是遵循了什么规律，躲过了哪些陷阱，才走向成功。这个模型具有最重要的价值，有了这个模型之后就能批量生产。现在大家做的爆品是靠直觉，然而我们的目的是在这千千万万的直觉背后，发现真正的传播规律。只不过，这种爆品规律还是未知的。

风从视频吹到音频

现在，受众的眼睛已经被过度开发了，各种各样的手机视频充斥着人们的生活。每个人每天的注意力是有限的，能用眼睛的时间也是有限的。声音这个东西很特别。每个人都有一对耳朵，生活中不可避免地受到周围声音的影响。当受众的眼睛过度疲劳之后，耳朵还没有被完全开发，商业产品就要围绕受众的耳朵做文章。

目前，音频产业处于风口，但是风力并不够。判断这阵风还有多远有两个指标。第一个指标是最新的技术研究有没有被引入这个领域。比如现在最大的风口是视觉领域，像 VR、谷歌眼镜等，所有的新技术都聚焦在受众的眼睛上，但并没有取得特别好的效果。现在，一些技术公司开始挖掘受众的耳朵。听觉有很重要的伴随功能，比如在开车的时候，运动的时候，照顾孩子的时候，做家务的时候，听觉产品是可以伴随这些活动存在的，还能对受众的时间赋能，提高受众的学习效率。第二个指标是最大的商业资本有没有投入这个领域，比如说是否有知名的资本加入某个音频平台，如果还没有，说明风还没到。

但是风很快就要吹来了，开发受众的耳朵是在所难免的。

【现场问答】

问：您从央广来到蜻蜓 FM，是否说明传统媒体正在衰落？

答：中国的传统媒体的作用在于引领报道的方向，所以传统媒体肯定还会继续存在。我个人转行，是因为觉得之前自我创作空间比较小，我想做更多的尝试，垂直领域的专业知识更受网民欢迎。

问：蜻蜓 FM 用户量很大，那么它的营利模式是什么样的呢？

答：老实讲，蜻蜓 FM 到现在没有完全赢利。它的收入来源主要是两部分：广告费和运营商分成，其他运营商作为渠道来购买我们的节目。不管是喜马拉雅还是蜻蜓 FM，都想争取上市，这是目标吧。

我来蜻蜓是想要做出“爆品”。Papi 酱的“爆”是可以预料的，她的幕后有成熟的推广团队。徐达内（新榜）的新媒体排名的前十名自媒体人，都在传统媒体干了十年以上。只有在传统媒体逐渐掌握传播规律，才知道怎么做会更好。互联网提供的试错宽容度很大，从业者可以不断尝试，不必考虑会不会爆，只要朝着爆款的方向去做就可以了。现在，PUGC 专业自制节目越发受到听众认可，比如高晓松的节目、罗辑思维。我下一步要做的是 V.PUGC，这是我自己想的产品，即爆款的专业自制节目。

问：听传统广播的受众和蜻蜓 FM 的受众究竟有什么区别？哪一类节目的收听率最高？

答：我们也做过受众分析，男性听众偏多，集中在 30—40 岁。因此历史、军事、小说、脱口秀这些板块的收听率最高。但是，这不是蜻蜓 FM 的特点，而是蜻蜓 FM 的缺点。因为女性消费自己时间的程度更高，需要陪伴的时间更多，对媒体的需求更强。接下来我们想针对女性受众做一些节目。

【补充采访】

采访对象：曹培鑫教授（传播学博士，中国传媒大学教授。央广“中国之声”特约评论员。云南民族大学特聘教授）

采访时间：2017年12月20日

问：请问曹老师对郭亮老师的印象是什么？

答：之前我在“中国之声”做了一年多的新闻广播评论，那时候郭亮老师是采访部主任，有一些工作上的接触。

首先，郭亮是一个非常成熟的记者，因为她有很丰富的新闻工作的实践。她大概有十年的时间在央媒做时政报道，有大量机会跟着领导人出访，所以她对中国政治有很深入的理解。

其次，因为她每天在新闻岗位开展新闻实践，所以她对于新闻事件有非常敏锐的洞察力和理解力，这是她非常重要的品质。

她是一个很好的记者和新闻人，也是一个很好的对话者和演讲者。她能够用非常动人的和具有吸引力的方式把她的理念传播出去。

问：您如何看待郭亮老师从传统媒体走向新媒体？

答：她去的新媒体是一个和过去工作非常相关的行业，蜻蜓FM也是广播节目。但是可以看到，这是一个按照完全不同的样式、不同的资源、不同的运作方式在运转的新媒体平台。对于她来说，应该是一个很大的挑战吧，她应该先完成自身的转型。当然说到转型，这是在中国媒体转型的大背景下发生的，我们很难不把它跟传统媒体转型联系在一起。央广也有自己的网站，但是它的新媒体和专门做新媒体的蜻蜓FM和喜马拉雅比起来，差距还是很大的。郭亮做了一个个人选择，完成了一次个人转型，可能也映衬着这个转型的时代，传统媒体还有巨大的生命力没有被发掘。

问：传统媒体生命力怎么样？如何挖掘？

答：我认为传统媒体还有生命力。这个生命力来自专业化的新闻采编传统。作为一个重要的新闻采编机构，“中国之声”是没有那么容易被替代的，它需要考虑的是如何将优势充分发挥出来，并以一个更被认可的崭新方式传播出去。传统媒体在这方面拥有非常突出的资源，这也恰好是新媒体比较弱的地方。

问：音频时代到来，媒体该怎么走？

答：“音频时代到来”这句话的重点是互联网音频时代的到来，互联网视频已经成为一片红海，而互联网音频还是一片蓝海，这是从市场的角度来说。从市场开发来看，音频还有巨大的市场未被触及。

问：传统媒体在音频方面将如何转型？

答：据我所知，大部分传统媒体和新媒体的合作比较多，比如蜻蜓 FM 上有全国电台的广播，这就克服了调频在当地收听的局限。我觉得这是一个非常好的方式，在内容提供商和平台之间做了很好的勾连。

第 15 讲

短视频红利

——刘通谈移动时代的直播和视频新趋势

刘通在开场时播放了一个三分钟的短片：今日头条“头条号”的几位有代表性的作者纷纷表达了自己对短视频平台的肯定与期待。

近年来，今日头条视频平台伴随着内容创作者一起发现了短视频领域的流量红利，一些关注内容行业和信息分发的研究者注意到短视频的兴起。不过，近年来大家对新媒体领域的关注，更多集中在新媒体对传统报纸、广电产生的相关影响，而新媒体的内容已经悄悄地从大家原来研究的图文转向了短视频。

2019 年，头条创作者共发布 4.5 亿条内容，所有内容创作获赞 90 亿次；向世界提问超过 1.5 亿次，近 10 万个问题得到了 100 条以上回答。2019 年 1 月 1 日，有 1200 万人通过 @ 央视新闻的直播观看了“天安门 2019 新年升旗仪式”。目前客户在手机端消费的内容还是以“短”为主。这是短视频在今日头条的用户消费情况。

主讲人简介

刘通，毕业于北京理工大学，北京字节跳动科技有限公司西瓜视频原运营总监。曾任新浪视频直播、乐视网直播负责人，负责新浪NBA、北京奥运会、格莱美音乐颁奖礼等项目。对于视频直播和短视频内容有丰富的项目经验和深刻的理解。

从消费端和内容生产及分发领域看视频发展趋势

首先是消费端。回顾整个视频的发展趋势，在视频消费1.0时代，主要是深度沉浸式的消费，这个时候大家想到的视频消费场景主要是去影院看电影。它的特性是在特定的时间、特定的场所消费，而且看电影是没有互动的，这是视频1.0时代的特征。

视频2.0时代，随着网络的出现，大家除了在电影院看视频之外，也在家里通过电视、电脑观看视频。这时整个视频消费的便利性得到了提升，但传播大多还是单向的，互动比较少。

到了视频3.0时代，智能手机得以普及，手机跟电影院、电视或电脑不同的地方在于便携性。人们习惯把手机带在身边，随时拿出手机来看。这决定了消费视频的场景变成了碎片化的、全场景的，而且互动比较多。人们在 8 个小时左右的睡眠时间之外，随时随地观看视频。这是内容消费渠道的升级。

其次是内容生产层面。在视频 1.0 时代，视频生产主要集中在少数的电影公司。视频 2.0 时代，内容生产涉及电视台和一些民营的制作机构。但是到了视频 3.0 时代，内容生产跟视频 1.0 时代和视频 2.0 时代完全不一样了。智能手机的出现改变了视频内容生产的方式和主体。在科技飞速发展的情况下，现在几乎任何一部智能手机都可以拍摄视频格式为 1080P 的视频，在手机上直接编辑视频也成为可能，这样任何一个人都有机会拍摄并且制作视频。生产门槛降低使人人都有机会成为内容生产者。但值得注意的是，总体来看，目前用户原创视频内容的制作水平还处于一个相对初级的阶段。

再次是内容分发方式。在视频 1.0 时代和视频 2.0 时代，内容分发取决于内容的产量，这时内容产量相对较少，整个视频内容分发比较依赖专业视角。比如电影院中，一个电影的播放时间，取决于排片经理。传统的视频网站的推荐模式基于编辑推荐，或者说是靠编辑筛选的方式。但是到了视频 3.0 时代，足够多的内容被生产出来，内容激增导致原有的内容分发机制失效了。

面对这个问题，内容分发出现了两种解决方案：一种是社交分发，以微博和微信为代表；另外一种是智能分发，以今日头条和优酷为代表。智能分发根据人们的兴趣点，通过算法精准地推荐内容，这样解决了编辑人工推荐的瓶颈，内容越多用户越多，机器匹配得越好，所以内容分发得也比较好。

国内的传统网站在 PC 端和移动端的内容呈现模式有些类似，一般是把 PC 端的内容变一种形式在移动端呈现。传统视频网站主要是以编辑推荐的模式呈现内容。不过，手机具有便捷性，这种传统的推荐模式限制了每天推荐的内容。这些视频网站更多的是在长视频上进行投入，它们会买很多剧的版权，大量成本用于购买重要内容。因此，在推荐位置有限的情况下，网站会优先推荐自己花钱买的内容。这种推荐模式会限制内容选取，一般将重点放在受众比较广的内容上。

但是今日头条完全不一样，它突破了内容推荐的入口，机器根据用户的浏览习惯，计算用户对哪类内容比较感兴趣。各频道都是以算法的方式向用户进行精准推荐，每个人看的内容都是不一样的。当一个新的内容在平台出现的时候，机器会自动地匹配用户，这样每个人看的内容都是不一样的。

“坤哥玩花卉”是头条视频的一个大号，他发布的“猪笼草解剖”视频被 765 万人观看，该账号发布的短视频平均每条的播放量高达 22 万。而这位坤哥，曾是《中国花卉报》的资深记者，通过今日头条这个平台，以短视频的方式与网友分享有料、有趣、有爱的花卉植物故事。

在这种模式下，今日头条跟传统的视频网站是完全不一样的，但是短视频的爆发正说明用户群体对短视频的消费需求是比较旺盛的。致力于精准匹配的智能分发机制，将消除整个短视频领域在分发环节的障碍。正是由于生产、分发、消费互动这三个环节都出现了前所未有的变化，短视频才迎来了一个爆发期。

视频直播发展新趋势

传统的视频直播概念来自电视台的直播节目。在手机直播出现之前，大家想到的直播是春晚，是传统电视台专业的直播方式：采集端是摄像机、转播车和卫星车，信号集中采集完之后，再把它传输到综合电视台进行播出。

到互联网 1.0 时代，门户网站会把传统电视台的内容转移到互联网上播出。这种模式比电视台的排播更灵活。但在移动互联网时代，也就是互联网 2.0 时代到来之后，情况又发生了变化。在采集端兼容原有的传统电视台的摄像机采集模式，同时由于移动端手机性能的提高和网络条件的提高，采集端也可以通过手机实现内容的采集和直播。手机可以随时直播，随时观看，更方便直接，完全突破了原有的在电视、PC 网站上看直播的模式。移动互联网时代的直播从采集端到用户观看端的整体路径，比传统电视直播更便捷、更直接。

在移动互联网时代，手机是随身携带的，具有便捷性、实时性，因此，资讯 App 也基于用户感兴趣的内容，针对特定的时间地点，突破传统的推荐模式。弹窗推荐比较符合直播的特性，如推送突发火灾、地震等重大社会新闻的直播，用户感兴趣的话就会点开观看。

国内外直播发展路线

国内外的视频直播发展现状以脸书、谷歌、推特这三个科技巨头为参考线。谷歌在视频领域的业务基于对优兔的收购。谷歌从 2011 年开始关注视频直播领域，把电视台的全部内容搬到了优兔上，花重金签了几百个电视台，但这种方式的实际效果并不是很好。谷歌发现，虽然投入了很多钱，但是用户不太买账。到 2014 年，谷歌对视频直播的初次探索告一段落。

跟谷歌类似，以新浪为代表的国内相关的门户网站，大概在 2007 年进入直播领域。新浪 2007 年开始尝试做体育视频直播和收费直播。2006 年世界杯，新浪尝到了体育视频直播的甜头，2007 年新浪开始买体育赛事的视频转播权，比如英超、欧冠、意甲。2008 年北京举办了第 29 届奥运会，这一年也是视频直播蓬勃发展的开始，各个门户网站开始加大对于体育视频直播的投入。这时国内做视频直播的模式和谷歌有点类似，只是把电视台的内容直接平移到了网上，而且当时国内视频的资源是比较匮乏的。

2014 年，国内各大平台对于电视台节目的视频直播的发展告一段落，视频直播迎来一个转折点。2014 年中国开始开放 4G 标准，智能手机在国内的出货量也飞速增长。智能手机的飞速发展带来了变革，人民网络条件也在提升，网络覆盖力越来越好。调查显示，2014 年全国 WiFi 的覆盖率能达到 70% 以上，之前完全没有这样的条件。

谷歌在 2014 年放弃了最开始的直播方向——电视台视频直播，开始了对游戏直播的探索。当时有个初创公司叫 Twitch，是专门做游戏直播的平台。当时谷歌要在游戏直播方向发力，一直想收购这个公司，谈了很久，外界的传言也特别多。到了 2014 年 8 月份，眼看谷歌就要成功收购了，最后一刻它却被亚马逊收购了。

但谷歌没有放弃游戏直播的方向，借助优兔早期直播相关技术的积累，在 2015 年 8 月 26 号上线了自己的游戏直播平台 YouTube Gaming。这次谷歌吸取了相关的经验教训，做了策略上的调整。YouTube Gaming 没有正面跟 Twitch 作内容的竞争，而是选择了差异化的竞争路线。谷歌借着游戏直播的趋势，在 2016 年 3 月的时候推出了一个新的流媒体直播应用 YouTube Connect。

国内有很多跟优兔发展经历类似的平台。大家耳熟能详的有斗鱼、虎牙、熊猫 TV 等。这些平台主要专注游戏直播，用户比较固定，受众比较精准，和秀场等娱乐性的直播模式不太一样。游戏直播目前比较稳定，后期发展可预期的模式也比较固定。

谈到推特在直播领域的探索，不得不说两个应用，一个是 Meerkat，一个是 Periscope。Meerkat 是移动直播的鼻祖，在 2015 年初上线。因为直播在当时特别新奇，所以迅速吸引了很多人关注移动直播。这个应用上线不到两周，自然获取用户达到 12 万。但是 Meerkat 只做了移动直播的壳，自己没有用户体系，需要通过推特进行账户登录，发起直播，并在推特上观看。2015 年初推特创始人已经决定要收购 Periscope 了，但是 Meerkat 意外地在推特上先火起来，因此，推特在 3 月就紧急收购了没有上线的 Periscope。Periscope 的产品定位和使用功能和 Meerkat 类似。收购之后，推特开始封杀 Meerkat，切断了 Meerkat 在推特上的社交图谱访问权，这也导致了 Meerkat 从一款视频直播 App 向视频社交网站转型。很可惜这个移动视频直播的鼻祖 Meerkat 在 2016 年 10 月从 App Store 下架。现在 Periscope 和推特还是深度绑定的关系，推特看中 Periscope 并且高价收购的原因，是它给推特带来新的用户增长，稳定用户市场。这个目的虽然达到了，但现在 Periscope 的用户增长已经比较缓慢了。

国内跟推特的直播模式比较类似的是映客、花椒、一直播等。映客是人们最早接触的直播 App，它推出的时间比较早，有先发优势。映客在 2015 年 5 月上线，到了 6 月，它的注册用户达 1 亿，日活用户有 1000 万；到了 8 月注册用户突破 1.3 亿，日活用户达到 1500 万。花椒在 2015 年 6 月上线，它在 6 月之前的用户增长也比较快，用户总量比较大。花椒在 2015 年下半年被 360 收购，360 有强大的产品矩阵和产品导流的模式，为花椒的用户增长带来很大的贡献。一直播依托微博，是一下科技的一款直播应用。一下科技的产品还有秒拍等，也是微博投资的子公司，与微博深度绑定。一直播虽然做得比较晚，2016 年 5 月才正式对外发布，但是它依托微博平台，通过邀请各类明星使用一直播做直播的方式，很快地发展起来。目前国内秀场直播以这三个应用为代表，但实际用户的市场空间还是比较大的，用户已经初步养成用移动端做直播、观看直播的习惯，视频直播的发展也比较快。

脸书发起直播业务的时间不是很早。谷歌从 2011 年开始接触直播，2016 年 3 月重返移动直播；推特从 2015 年初开始；脸书在 2015 年 8 月才正式布局直播业务，推出了第一版的直播应用。虽然脸书推出得比较晚，但扎克伯格对于直播的了解比较透彻。他对产品功能、直播定位和思路的认知都比较深入。2016 年上半年，国内外的各种媒体都在报道扎克伯格亲自主抓直播，认为直播是未来的方向。

脸书是社交平台，直播会吸引新用户，增加用户的使用时长。但实际上从脸书的整体布局来看，远不止于此。2016 年 1 月份脸书面向所有脸书用户开放直播平台。刚开放的时候，脸书跟推特的直播没有太大的差别，但是到了 4 月，脸书升级了直播服务。脸书上做直播的一些媒体用户在直播之后会收到直播相关的数据统计，包括观看人数、观看群体、观看地域、直播时间轴上的人数、不同时间用户观看的波形图、直播的峰值和低谷等。另外针对直播中的评论和互动，脸书在后台提供分析工具，帮助媒体更好地了解用户喜欢什么内容，这个功能只面向媒体用户开放。

脸书预见未来内容同质化现象会比较严重，所以重点抓住部分媒体用户或者专业性的用户，因为这一部分人生产的内容是比较有质量保证的。国外媒体评论，脸书虽然是三巨头中对直播投入最晚的，但在整个直播的残局上是收拾得最完美的。

脸书主要做了以下事情：推出产品后，先发挥明星效应，邀请明星使用，让人们知道这个产品。一旦人们知道产品的功能，便开始吸引有价值的媒体入驻，保证内容的质量。脸书是社交媒体，用户基于订阅关系浏览内容，同时脸书很早就引入了类似今日头条的个性化推荐方式，推荐用户感兴趣的直播内容，即使没有关注也能收到推荐。这一点使脸书在直播上获得了成功。

脸书鼓励媒体来做直播，媒体对于脸书的定位也比较乐观。国外有媒体统计了一下，英国排名前 100 的媒体在 2016 年 5 月的直播场次是 310 场，6 月的直播场次是 533 场，同比增加了 72%。这说明什么？各大媒体认可脸书提供的直播工具，因此加大对直播内容的投入，组建专门的视频直播团队。以 BBC 为例，他们在移动平台上的直播内容跟电视台的直播内容是完全不一样的。在电视台做的节目需要有严谨的选题策划，需要排播，但是在移动端，只需要初期定义粗犷的话题，在直播过程中根据观众的兴趣随时改变。用户对哪些内容感兴趣，观众的反馈决定话题改变的方向。

CBC News 也在进行多样化的探索。他们虽然做新闻，但是并不像传统电视台一样去播报，而是希望用户通过移动端更多地去了解新闻背后的故事。他们的选择点也跟传统电视台不太一样，强调和用户保持长期稳定的互动。

国外媒体在移动直播方向做出了各种各样的尝试，国内各个媒体也紧追移动直播的发展，进行各种尝试。2017 年 4 月，央视新媒体部门和今日头条合作，开始做移动直播项目的尝试。今日头条为央视记者提供做视频直播的采集工具，央视的记者装上 App 之后，可以发起直播，把内容信号送到央视后端的导播间，在导播间对手机发过来的直播信源进行二次加工后，就可以播出了。2016 年上半年，央视做了很多内容类型的尝试，如直播了郑州两岁女童坠入近 30 米深井，消防紧急救援的事件。当时央视直播了 7 个小时，今日头条对郑州方圆两公里范围的用户进行了定向推送。周围的人都很关注这件事，很多人虽然不能到现场，但是可以通过手机直播关注救援情况。有的网友在直播过程中送祝福，还有网友不断地给消防官兵出主意。此外，央视对长征 7 号、神舟 11 号的发射，奥运会女排回国等都进行了现场直播。

目前，越来越多的专业性视频直播内容生产者加入进来，整个视频直播行业面临一个转折点。

挑战与机遇

从国内外的各个科技巨头来看，直播是发展的方向。但目前国内直播内容还是以 UGC 为主导，这些内容的含金量比较低，同质化严重。映客、花椒、斗鱼这些做得比较大的直播平台，虽然用户量够，但实际尾大不掉，面临同样的问题。人们对于平台存在刻板印象，这个是看秀场直播的，那个是看游戏直播的，并不只是某一直播平台的“死忠”用户。基于对平台用户的调查，某些媒体会有针对性地选择平台。这是现状也是机遇，如果有一些专业的组织或者机构加入直播，将极大地提升整个行业的内容制作水准，加速直播行业的规范化进程。

从 2015 年到现在，直播行业发展得比较快，但是没有标准模式，一切还在发展摸索的阶段。从国外的发展经验来讲，这种专业内容加直播的模式是走得通的。目前，国内类似脸书这样重点发展专业内容的直播平台还很少，今日头条对于直播的定位就是鼓励专业性内容直播的发展。新兴的平台不太容易做专业性的内容，因为它缺少用户基础；而今日头条、腾讯、微博等有用户基础的平台，有能力把专业的内容精准分发出去，这是比较有前景的。今日头条做个性化的内容推荐，直播也是这种模式，会推送个性化的直播频道。因为直播是比较实时的，一旦开始直播，今日头条便会根据用户的属性匹配直播内容，第一时间把直播推送给用户。

目前来看，视频直播的发展空间依旧很大，市场前景也比较光明。用户习惯或者说消费直播的人群已经初具规模。专业性直播开始起步，传统媒体要先行一步。除了电视台，一些普通的 UGC 创作者，尤其是能生产专业内容的人也有广阔的发展空间。

第 16 讲

再一次，让电视起飞

——赵蕾谈 TV+ 时代如何玩转电视

2015 年，北京电视台资深制片人、主持人赵蕾递交了辞职报告。如今，她的身份已是天脉聚源（北京）科技有限公司的副总经理兼制作总监。常常有朋友好奇地问赵蕾：“你现在到底是做什么的？”她会回答：“对于传统媒体而言，我像是做新媒体的；而对于新媒体而言，我依然是电视人。”她的微信昵称赫然写着“赵蕾 从 TV 到 TV+”。

“我们今天所处的时代，按照流行的商业语言定义，正处于‘颠覆性的创新时代’，大规模的科技应用让人类每天都感觉有一种前进的‘推背感’。今天的颠覆性创新时代，有可能在人类历史的长河中留下一批真正伟大的产品。这样的产品融合了科技与人性之美，而这个时代真正伟大的创新者，首先是充满好奇心和想象力的。”

“用技术和商业的力量能够完成我一直想要做的事情，这也是我愿意走到 TV+ 这条路上的原因。而且，无论走得再远，都不会忘记为什么出发。”

这样的跨界，是一种境界。这是一个电视人真正的理想和情怀。

◤ 主讲人简介

赵蕾，北京电视台前制片人，屡获中国新闻奖、北京广播电视奖，被评为北京市优秀新闻工作者、北京电视台十佳制片人，现任北京市天脉聚源（北京）科技有限公司副总经理、制作总监。

网络化冲击下：电视需要什么？

我有两个身份：北京电视台的制片人，同时兼任一个公司的副总。多重身份已经成为一个很有意思的普遍现象。

现在，越来越多的媒体人尤其是传统的电视人，在用新的方式做电视节目。前段时间很多人在议论，张泉灵走了，刘建宏走了，很多人都离开了电视媒体。他们有的去做创投，有的去做新媒体，有的去做融资，大部分人是去新媒体做原来在传统媒体时候做的一些事情。

在这个过程当中我一直在思考我的职业生涯。从我的工作实践来讲，我在北京电视台做了二十年的新闻评论。1995 年，我进入北京电视台新闻评论部，算是初创人员。那时刚好赶上了电视大发展大繁荣时期，也是新闻评论开始崛起和腾飞的时候。我们台和中央电视台的新闻评论部，像兄弟一样联手。我记得那个时候是评论节目在中国的巅峰时期。我就迎着这个时期去了，一待就是二十年。

这二十年的过程中，我经历了用评论来思辨的方式，也感受整个中国电视业的进程。2010 年前后，台里想重新打造评论类节目。我当时压力很大，因为我知道人们都不看评论了。互联网飞速地发展，有更多的方式去认知这个世界，和这个世界交流，那么电视能给你带来什么呢？面对网络化的冲击，电视需要什么？如何才能有新的生命力？而我们的受众又需要什么？

那个时候我们一直在强调观众、观众、观众，观众在哪里？他们是谁？他们长什么样？他们多大年纪？我们只能看到一个特别简单的央视索福瑞的收视分析表，比如收视率是 0.4，45 岁以上的人群占到 80%。这就是我们的收视率调查。我们每天在做收视分析的时候，会做分钟收视分析。分钟收视分析出来就是，这个话题收视率升上去了，那个又降下来了。每一个编导、每一个制片人，都在猜收视率，然而并没有什么意义，因为我们根本不知道他们（观众）是谁。

但是我们知道，电视需要改变，根据观众的需要来改变。

受众需要怎么样的互动?

我们曾经做了一个北京市委宣传部主导，关于人文北京的节目，嘉宾在台上讲解，观众在台下观看。一拨儿一拨儿的观众，一拨儿一拨儿的专家，在演播室中来了又走。这种传统的节目形式，没办法让节目生动起来，也无法实现做这个节目的初衷。

当时，CCTV-5 有一档节目《足球之夜——豪门盛宴》，它的演播室设计非常有意思。那时是奥运会前后，他们用了一个非常大的弧形触摸屏，上面有 22 个点，代表 22 个球员。以前我们看到的电视节目都是足球评论员拿一个题板画，很不直观，因为它不是实时的，也不是动态的。但是利用了触摸屏的技术后，就能够非常自由地调取这些球员的点。这些球员在触摸屏上一调动，所有的点都变成真人在触摸屏上跑。这样一来，就可以实现节目内容和球员的交互。

我们的节目能不能突破技术的一些瓶颈，在思维方式方面重新架构我们想要的评论空间和评论体系呢？我们在节目里面不能直接用 Facetime，那可不可以用别的方式？我们能不能在屏幕上发弹幕？能不能在另外一个平台上实现同步？我觉得那一定是个全新的世界，并且一定存在。

新闻传达、网友互动、线下交流，不同渠道有不同的主导声音。如何融合多方发言，是节目的出发点。

后来我就开始琢磨《锐观察》这个节目，想用一种交互的方式来实现节目互动。刚开始做这个节目的时候，微博在网络盛行，我们迅速开通节目官微。《锐观察》以官微的形式和观众见面的话，是一个冷冰冰的东西。《锐观察》是什么？它是男的还是女的？它多大年纪？它是没有温度没有体感的。所以我捆绑了我个人的微博，发了我真实的头像，然后放了很多生活照片，让粉丝感受到真性情。

之后，搜狐和我们共享了评论员体系。这是当时非常适宜的一种合作方式，用技术和内容来搭建。那一段时间，我们在搜狐微博形成了一个非常强大的评论圈子。但是随着搜狐整体战略的调整，搜狐微博就关掉了。但是很庆幸的是，一些粉丝一直跟随我到现在。我做新的新闻脱口秀节目，转战微信开了新的社区，他们一直在。

一步一步地过来，我发现越做这个节目就会越不满足。当粉丝和网友已经不满足我们仅仅是把他们的微博上墙读一下的时候，他们想要什么？他们想要改变。我问过他们的体感，他们回答："如果我的言论、我的参与能够改变节目的结果，那就是我想看到的结果。"为什么人人都是评论员，为什么人人都是段子手？这就是言论的力量。

成为一个内容生产者，这是我们这个时代需要的。于是我又改造了我的直播节目。我们尝试了服务号，服务号可运营，也可经营，它可以链接支付平台，它可以上架商品，可以实现售卖……功能非常强大。我们这个服务号叫作"媒体桥"，已经和很多媒体开展业务合作了，第一个客户就是 CCTV-5 的媒体桥。在世界杯期间，媒体桥强势地发展起来，里面是一个全新的世界。虽然我不知道这个媒体桥究竟会为节目带来什么，但是这种交互性的样态和思维方式，才是我们做电视节目最需要的。

重新为电视台营造一种商业化的“场”

要把新闻节目做得更好看，要做一档好看的、新闻性的、可以商业化的节目——这是一个非常大胆的想法。有人问：新闻怎么可以商业化？我知道资讯是不可以商业化的。资讯在网络上都是免费转载的，但是言论是有价值的。人和人交流的过程，永远是唯一性的。我和你碰撞出来的东西，别人无法拥有。因此，有需求的人，就会聚集在一起，这就是我们形成的一个“场”。如果有个人走进这个“场”，在这个“场”中提供服务，满足需求，这就是“场景制造”。

新闻言论节目，也是可以进行场景制造的。它是可以围观的，可以引入商业因素的。如果我们都喜欢这样一个“场”，就愿意在这里分享、交流。很多人说罗辑思维的模式和社群文化不可以复制，但是它的很多理念是可以运用到电视节目中来的。如果客厅中的大电视屏和手机端共同营造一个新的生态环境的话，我们就制造了一个场景。如果我们的电视节目场景不能满足观众的需求，那么我们把观众变成受众，把受众变成用户，把用户变成客户。

没有运营的内容是没有价值的。我不完全同意这句话。但是如果可以运营的内容没有被运营起来，那就是电视人的悲哀。所以我觉得，TV+是什么？TV+就是基于电视场景营造的一种新的电视生态，它是将电视节目的内容作为一个出入口、一个聚集口，进入以后产生全新场景设计，并且让其产生商业模式的一种新的电视样态。

TV+

TV+是中国电视互动产品运营公司天脉聚源以媒体桥为运营平台，以跨界融合为基本理念，以电视融合新媒体为基本方向创建的，帮助电视向新媒体转化的传媒经济形态。是以电视本体为内核，以新媒体为外延，以数据为资源，以平台为包装，将电视功能进行拓展，从而衍生出的新兴的电视经营模式。

不同的个体，不同的媒介，包括媒介的运营者，都有不同的“场”。电视台的每个栏目、每个频道，因其电视台自身的属性，形成了非常个性化的一个“场”。因此，很多人是某个栏目的粉丝，某个频道的粉丝，某种节目类型的粉丝。中国的电视节目分三种：一种是中央台、北京台这样的“新闻立台”；一种是以综艺娱乐节目为主，这样的电视台一定有非常强的营销能力，经营能力强；还有一种主要节目是人文纪实类纪录片，收视率不高，但文化属性高。

那么可不可以根据不同的电视台类型，为电视台营造一种新的“场”；然后再结合“云”，把“云”“场”“端”“商”结合起来，用“商”来反哺电视台，形成一个闭环呢？我现在做的就是这样的工作。

新媒体中的“场”是什么？大家熟悉的朋友圈、BBS、QQ空间，都是“场”。一个社群，由志趣、口味甚至诉求相关的人构成，他们在一起就是“场”。我们来看一下这个“虚拟朋友圈”，通过我的节目可以看直播，可以实现边看边聊，随时发弹幕，尤其在评论节目里面，就是让观众直播吐槽用的。我希望观众对我的节目内容产生兴趣和交互。

电视有机会成为更强大的媒体。它有巨大的流量，微信摇一摇抢红包在春晚释放出来的价值，大家有目共睹。目前电视依然是强大的媒体。

从“进入”到产生新的商机

电视现在是什么？电视已成为我们的注意力入口。它是伴随客厅的产品。我们如果想让电视的内容释放价值，首先要凸显电视的吸引力。

但是没人会一直抱着电视玩儿，它是放在那里的；可手机不一样，人们能一直把手机带在身边。电视能实现支付功能吗？不能。电视能聊天吗？不能。但是手机可以实现所有的功能。我们要考虑的就是，如何从电视的注意力入口，吸引观众来手机端，有多少人玩手机，就有多少人看电视。

这就是电视的注意力入口与手机的行动力入口的关系。让电视的节目内容产生口令，产生注意力，吸引大家“进入”社群，实现内容所产生的社群价值、交互价值、商品价值等，让手机成为电视的翅膀。

逻辑就是这么简单。但说起来简单，做起来很难。这需要大量的数据和案例来支撑。我们要讨论用户想通过电视他干什么。不同年龄的人诉求是不同的，爸爸妈妈也许只是坐那里看，再比如吃饭的时候，电视节目只是一个伴随的声音，我们根本不会去看内容。现在的年轻人都不愿意看电视，因为不能选择想看的内容。因此，电视的一部分受众流量，被视频网站分流了。

事实上，电视台和视频网站都是传统的媒体，因为它们都是在挣硬广告的费用。那么，有没有一种新的挣钱方式，能让媒体不用仅仅靠贴片广告的方式运营起来？这就是我们所要考虑的，如何把电视的注意力入口与手机的行动力入口联系起来。

行动力的终点就是产生消费。我看了你的电视，我买东西。那么现在问题来了，有人会说，这不是电视购物吗？在电视上卖东西，在手机上买东西。这是最初的方式，已经无法满足这个时代的需求了。

TV+ 用更先进的解决方案来激活电视的 IP 价值。IP 价值这几年非常火，其实 IP 就是个人的标签。要想激活电视的 IP 价值，就要设计创作者的情感触点，制造营销者的商业路径，策动手机用户的参与乐趣，捕捉消费者的深度诉求。比如，我们有 20 个虚拟观众席，他躺在家里的床上就可以参与节目互动，用手机的方式“坐”到我们的演播室里面。这就是我们从情绪众筹到内容众筹的逻辑。

一个直播节目，观众通过摇手机就可以进入我们的虚拟演播厅，假设前 1000 人可以成为我们后排虚拟座席的成员，这些人的头像就会出现在真正的演播间后面的大屏幕上，他们就会有身临其境的感觉。通过现场的微信手机通道，手机观众的所有行为都可以在真正的直播中去体现。因此，节目就会有非常好的互动。

最近，很多地面频道，比如 BTV 生活频道、BTV 影视、河南法制频道等，在电视画面上会出现一些小萌物。通过这样的提示，大家就可以拿着手机摇一摇，摇进去之后马上就会看到一个问题。这就是基于电视台整频道创建的一种商业模式，它以电视内容作为入口，制造场景并且产生设计效应，发放权益，最终产生购买的一种全产业链。

这种商业模式不太适用于某一档节目，而适于全频道。因为某一档节目的流量是不够的，进来的人群有限，最后产生的购买不足以支撑前期的投入。所以 TV+ 形成了这种模式：先让大家习惯摇一摇这种手机电视互动，完成任务实现购买。熟悉这种看电视的方式后，电视人就可以和一些节目实现点对点的对接。

任何节目都是可以运营的。每一个运营人员，都变成了产品经理。我们要用最精准的方式，把自己的东西卖出去，运营出去，最终实现销售。如果要把电视产生的内容通过运营实现消费的话，后台的“商”的平台一定要搭建得非常完善、非常精准。电视节目直接实现冲动消费之后，就能进一步去黏合。

未来的电视会成为一个新的平台，去完成电视台不能实现和延展的任务，去实现电视台本身和电视节目实现不了的商业价值和社群价值。

人是群居动物，我们需要营造一个场景，让电视不再寂寞。我们要找到一个新的世界和一种新的组成方式和交流方式有选择性地参与电视的互动，为电视的互动做出贡献。电视并不是即将退出历史舞台的廉价商品，它是可以产生巨大商业诉求和情感诉求的载体。它是可以从情感切口进去，从而满足很实际的生活服务需求和大都市交流需求的。

电视是一个有情怀的事业。但是仅仅有情怀，是养活不了电视的。专业的事情要交给专业的人去做，电视的未来在你们手上！

第五部分

传播范式　跨界探索

第 17 讲

媒介如何影响我们对这个世界的认知？

——周树华谈如何理解传播过程与效果

每一种传播媒介都会对其接收者产生不同影响，“媒介则信息”就是最好的阐绎。传播效果研究，是对传播信息的效果在质与量上的研究。今大，传播演变为多媒体、多渠道、全方位、立体化的传播结构，新媒体对传统传播基础产生了怎样的改变呢？且听周树华老师一一道来。

◤ 主讲人简介

周树华，国际中华传播学会前会长（2017-2019）、美国密苏里大学新闻学院 Goldenson 讲席教授，新加坡南洋理工大学传播与信息学资深研究员。周教授为美国印第安纳大学新闻硕士、大众传播博士，曾任广东电视台新闻部记者、播音员、英语新闻组组长，美国阿拉巴马大学传播与信息学院终身教授。主要研究方向为媒介信息认知、媒介内容形式与效益。

人的体验（Human Experience）与媒介效果（Media Effects）

最近十年，媒介技术的进步使我们的生活更加方便快捷，人的体验也变得更加丰富多样，最简单的例证就是我们现在可以足不出户享受外卖带来的美食。

但是我们为什么要关注人的体验呢？

人类从出生就开始与世界交流，比如 2 岁小孩子小小年纪就想交流了，但思想发展超前语言发展，词不达意时往往十分暴躁，被称为“terrible two（麻烦的两岁）”，就是因为他们想去交流，但是没有交流的能力。

媒介效果在我们生活中很普遍，例如媒介对政治有什么影响，或者电视中的内容会对青少年有什么影响，这些就是媒介效果。

“涵化理论”认为，如果电视中充斥着暴力、性的内容，看电视多的人，他们的世界观会和电视上呈现的消极的世界观相符。言下之意就是媒介会影响我们的感知。很多人会担心，青少年看太多凶杀暴力的内容会对其行为产生不良影响，斯坦福大学教授阿尔伯特·班杜拉（Albert Bandura）做的社会认知理论研究给了我们解释。

涵化理论

20 世纪 70 年代兴起的“涵化理论”（Cultivation Theory，我国新闻传播学界又译作“教养理论”或“培养理论”）认为，收看电视越多的人对真实世界的认知和态度就越接近电视所提供的符号现实。受众在社会化的过程中长时间接触电视对暴力的偏差性描述，将使他们对这些描述中的有关暴力的规范、态度和行为形成共识，“黑暗社会”观有可能成为社会中的主流认识和判断，很多研究也证实了这一点。

有一个著名的例子就是加拿大的一个小城，这里是最后引进电视的地方，于是观察者进入小城研究电视给人带来的变化。结果发现电视进入小城后，这里的儿童读书少了，肢体动作却变得越来越多；而对成年人来说，小城中原有的惯例跳舞活动渐渐消失。这些都是电视媒介产生的影响。

我们可以从不同的层面理解媒介的效果。

从大的层面看，新兴媒介的到来会对社会产生影响。例如微信的到来大大促进了移动支付与即时通信的结合，让我们可以拿着微信走遍天下；再如摇滚音乐在网络上的传播改变了很多青少年的世界观和价值观。

从文化层面看，电视或者报纸等媒介的产生改变了文化和对文化的传播方式。

从个人角度看，电视媒体的到来使每个人都可以不出国门就能看到阿拉斯加的风光片和其他异域风情的电视节目，电视媒介的出现大大满足了我们的认知需求。

从情感方面看，电视媒介会影响人们的情绪状态。例如在以橄榄球闻名的美国阿拉巴马大学，橄榄球比赛的结果会深刻影响每个人的情感，从人们脸上的喜怒哀乐就可以看出比赛的输赢。

从组织层面看，媒介会影响企业的盈利。例如，由于媒体报道烟草的危害，导致美国的烟草公司不能在电视上做广告。

媒介会从行为、情感、态度等各个方面影响生活，这就是不同层次的媒介效果。

传播效果的三个层面

作用于人们的观念或价值体系而引起情绪或感情的变化，属于心理和态度层面上的效果；这些变化通过人们的言行表现出来，即成为行动层面上的效果。从认知到态度再到行动，是一个效果的累积、深化和扩大的过程。

上述三个层面既体现在具体的、微观的传播过程中，也体现在综合的、宏观的社会传播过程中。以报刊、广播、电视为代表的大众传播的社会效果的三个层面如下。

1. 环境认知效果。在现代社会，我们对周围世界的感知与印象在很大程度上依赖大众传播媒介。大众传媒是以传递信息、报道事实、提示社会上发生的事件为己任的，但它们并不是有闻必录的。传媒报道什么、不报什么，从什么角度进行报道，都在影响着我们对周围环境的感知与印象。这种效果在传播学中也称“视野制约效果”，换句话说，大众传播制约着我们观察社会和世界的视野。

2. 价值形成与维护效果。大众传媒在报道的新闻和传达的信息中，通常包含着是与非、善与恶、美与丑、进步与落后的价值判断。

大众传媒提倡什么、反对什么，客观上起着形成与维护社会规范和价值体系的作用。这种作用是通过传媒的舆论导向功能发挥出来的，它通过舆论引导形成新的规范和价值，又可以通过舆论监督来维护既有的规范和价值。

3. 社会行为示范效果。大众传媒的影响并不仅仅表现在认知和价值取向的领域，它还通过向社会提示具体的行为或行为模式来直接、间接地影响人们的行动。

什么引起了媒介效果（Caused by What）

在引起媒介效果的众多因素中，最让我们关心的是内容。播放什么内容，会引起什么媒介效果。当然不同的媒介也会产生不同的影响，报纸、电台、广播，各有特点，比如“9·11 恐怖袭击事件”，如果没有电视画面的报道，我们是不会感受到那么大的冲击力的。

传播学四大宏观效果理论

“议程设置”理论（agenda setting），沉默的螺旋理论（spiral of silence），培养理论（cultivation theory）以及知沟理论（knowledge-gap theory）。

媒体人物和受众也是影响媒介效果的重要因素。例如耐克鞋用乔丹做代言人产生的影响和普通代言人的影响是不一样的。受众是年轻人、老年人，或者男性、女性，不同群体对媒介效果的影响都是不一样的。

媒介心理学

媒介心理学讨论的中心问题就是，媒介作为人们主要的认知来源，如何影响人们对现实世界的认知，继而影响人们现实世界的行为。认知真实（perceived reality）是本书的一个关键词，它指的就是人们在接触了媒介的信息之后，在头脑中建构起来的对现实的认知。本书从认知心理学和媒介研究的基本理论出发，将认知心理学和媒介理论有机融合，讨论了媒介中的广告、体育、音乐、新闻、政治、暴力、色情、价值观等对人们认知现实的影响。

那么媒介效果是怎么产生的呢?

媒介效果是一个过程，其研究重点主要集中在“个人”这个角度。我们需要一些理论，比如媒介心理理论（Media + Psychology），研究在媒介影响后的心理变化。这个理论关心的层面在感知、认知、获得知识以及动机。比如用户为什么要用推特、微信，这背后有什么动机，其中包含哪些个性的问题，人是外向型还是内向型等。

这个方面的研究其实是非常有用的，比如想制作一个电台节目，目标听众是喜欢摇滚的青年，制作时就应该知道他们的动机以及他们的使用习惯，才能编排好节目。这些都为研究媒体效应提供了很重要的指导作用。感知、认知、情感、动机会影响人的思考方式和行为方式。

心理透视（Psychological Perspectives）

人的行为很大程度上是由情感控制的。什么样的因素可以影响人的感知呢？

影响感知的几大因素是：态度、动机、兴趣、经验和期望。

态度，也就是怎么看，你的态度会决定你对这个人的看法。

动机，指你带着怎样的目的。

兴趣，指你对这个事情有多感兴趣，例如先生喜爱足球的程度大于太太，那么虽然是观看同一场球赛，但他们的感知、态度和情感反应是不一样的。

另外，大的影响分支还有“情景”（Situation），如时间、工作和社会的处境。有一个经典的实验：两组人参与实验共同看一张图片，图片内容为一群小孩坐在沼泽地里。其中一组人被告知小孩们在玩游戏，该组人认为小孩玩得非常高兴；另一组被告知小孩在接受惩罚，该组人则认为小孩很悲惨。因此，处境不同导致人们对同样的事实产生不同的看法。

总而言之，感知的过程就是外界信息进入脑海后，我们挑选其中一些信息进行处理的过程。人们因为无法处理所有进入脑海的信息，所以需要对这些信息进行挑选，做出判断。比如看一张图片，这些信息就包括前景、相似性、相近性等。在新闻编排中，如果先播报一个坏的新闻，后播放一条政策的新闻，观众会对这条政策产生负面评价，因为前一条新闻的恶劣影响会延伸到此条新闻。因此，要在实际工作中重视情感对信息感知的影响。

例如下面这张图，由于两条线段的对比物不同，造成两条一样长的线段看起来有了长短之别。这就是由不同参照物的对比影响造成的。

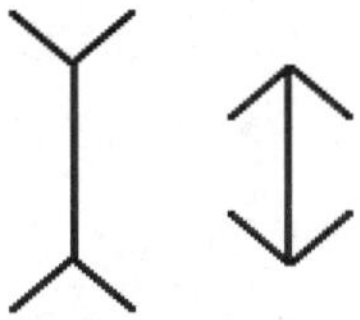

再如这张，有些人可以从中看到美丽的姑娘，另外一些人则看到凶恶的老妇人。

这就是我们所说的“眼见不一定为实”。我们看到的东西会受到角度的影响。

在这里，我只拿出媒介心理学理论中的一个部分“感知”（Perception）来举例说明。

比如报道中的非洲正在经历干旱、疾病、战争等，观众多会认为非洲是贫穷、恶劣的，然而真实环境却不一定。这就是我们受主观理解的影响。

这些认知原理是如何体现到媒介上的呢？

例如，国际上最广泛传播的中国文化是中国功夫，大多数外国人对于中国的印象则是中国每个人都会功夫。报道中的恐怖袭击很多是由中东的恐怖分子策划实施的，因此，一些人认为中东人都有恐怖嫌疑。当新闻媒介长期报道负面信息时，也会对受众的态度产生负面影响。例如站在保守立场的福克斯新闻，保守与激进人士看它的感受是不同的。媒体集中报道某一事件及问题，人们通常会认为这些事情更重要。

什么东西可以引起观众的焦虑？要看观众是谁。有的小观众看了地震的相关视频开始担心自己所处的环境会不会发生地震。不同年龄段的焦虑事物是不同的。儿童在一两岁的时候容易对形状怪异的事物产生焦虑，而八九岁时关心较为复杂的事物，例如情感问题等，再大一些则会对抽象事物产生焦虑，例如通货膨胀等，这些都是发展心理学关心的主题。

议程设置理论

议程设置理论是大众传播媒介影响社会的重要方式。其观点主要来自政治学，李普曼的《舆论》最早提出该思想，被认为是传播学领域的奠基之作。

其主要观点如下。

1. 大众传媒往往不能决定人们对某一事件或意见的具体看法，但是可以通过提供信息和安排相关的议题来有效地左右人们关注某些事实和意见，以及他们议论的先后顺序，新闻媒介提供给公众的是他们的议程。

2. 大众传媒对事物和意见的强调程度与受众的重视程度成正比，该理论强调：受众会因媒介提供议题而改变对事物重要性的认识，对媒介认为重要的事件首先采取行动。

3. 媒介议程与公众议程对问题重要性的认识不是简单的吻合，这与其接触传媒的多少有关，常接触大众传媒的人的个人议程和大众媒介的议程具有更多的一致性。

4. 不仅关注媒介强调哪些议题，而且关注这些议题是如何表达的，对受众的影响因素除了媒介所强调的议题外，还包括其他因素，这些影响包括对态度的和行为的两种影响。

什么内容、制作方法和节目会吸引观众的注意力？制作电视节目的时候，我们知道推拉摇移的镜头使画面有了动感之后就会引起观众的注意。收视率前 10 名的节目为什么引人注意？重要原因在于节目的“兴奋度”非常高。注意力是媒介效果的前提。例如，暴力节目引起观众的注意，但节目中的哪个人物影响力最大？从社会心理的角度出发，如果电视节目中的正面人物常常用暴力解决问题，就会鼓励好人在现实生活中用暴力解决问题。斯坦福大学针对闯红灯现象做过一个实验：假如一个穿着简陋的背包客闯红灯，大众不会跟随；但是如果一个教授模样的人闯红灯，则大家都会跟随。这个例子说明，如果要实现榜样的作用，则需要找有说服力的人做榜样。

【现场问答】

问：如何判断、测量受众在新闻中是受到了新媒体还是传统媒体的影响？

答：一个媒介会不会产生效应有很多原因，受媒体、情境、信息接收者等方方面面的影响，肯定不能一刀切。这是一个难题，如何测量是个难题，需要细分。

问：特朗普当选美国总统并不符合预测，媒体效果还有意义吗？

答：他很聪明，利用媒体喜欢的话题，说一些出格的话，让媒体不断对他报道，Any press is good press（任何报道都是好报道）。当然还有其他原因，比如保守派不会支持一个女总统等。在调查公司的调查中，有人没说实话，他们不愿意让人知道自己投票给这么一个“离经叛道”的人。媒体对政治的影响是很大的，媒体不关心的政客都没有成功的机会。

问：在竞选活动中，特朗普利用新媒体精准推送赢得了大量选票是不是可以认为新媒体的影响力远超传统媒体？

答：新媒体的影响力肯定是很大的，曾经的总统选举大量使用传统的电视台等媒体，但到奥巴马时社交媒体就已经用得很熟练了。但是社交媒体并没有超过传统媒体。虽然每个人都可以借助社交媒体发声，但并不意味着每个人的声音都一样。声音有强弱之分，我们不知道大选内部过程，很多内幕还要靠主流媒体的记者去挖掘。虽然主流媒体的流量比以前小了，但是其内容的影响力和专业真实性仍然大于自媒体。

问：关于中国两会媒体报道，为什么我们不报道两会中的矛盾和争论，将这些争论表现出来？

答：西方媒体是商业化媒体，关注博眼球、吸引注意力的问题，因此报道议会的争议冲突会更加吸引观众收看。但是我们的媒体是党的喉舌，关注的是自我形象的表达。

第18讲

大众传播到尽头了吗？

——孙志刚分析互联网时代大众传播新发展

随着互联网技术的不断发展，大众传播的实践与研究也发生了巨大转变。有研究学者认为，在互联网时代大众传播理论和大众传播的未来可能被终结。为什么会出现这样的研究观点？它的原因和依据从何而来？大众传播究竟在当前发展中遇到了怎样的困境？我们应当如何解决呢？孙志刚博士在这次讲座中对当下大众传播的理论研究变化进行了深入分析。

主讲人简介

孙志刚博士，原为美国唐纳德·W. 雷诺兹新闻研究院科研副主任(2007—2014)，美国密苏里大学新闻学院高级社会研究中心主任

(2000—2014)，现为吉林师范大学和西北政法大学新闻与传播学院客座教授。其科研领域和兴趣包括新闻学的未来、传播学理论、媒体和传播学研究方法、社会资本和大众传播的关系。他在美国《大众传播与社会》《健康传播期刊》《新闻与大众传播教育者》《亚洲传播期刊》《报纸研究期刊》和国内许多期刊上发表学术论文数十篇，并担任美国《大众传播与社会》《健康传播期刊》和《新闻与大众传播季刊》等核心期刊的论文评审员。

大众传播的变化

2001 年，两位学者提出了“大众传播面临终结了吗”（the end of mass communication）的质疑。他们那时研究的新媒体还只是 VCR、MP3 等，2007 年乔布斯推出 iPhone 后，这种观点更是一发不可收拾。这些美国传播学者对于大众传播理论和大众传播的未来表示出较大的担忧。

为什么这些话题会被我们讨论？这是因为问题越来越表面化，越来越重要。从大众传播学的角度来看新媒体，我们当前面临的媒体形态的变化不同于以往。不管是曾经的电报、传真，还是电台、电视，当前的互联网都不同于以往。

大众传播的三个主要要素是 Who are the senders，Who are the receivers，What are the channels，即传授者、受传者和渠道。互联网不同于以往的主要原因就是，传统媒体形态的变化只不过是改变了三个主要元素的其中一个，比如技术条件带来的渠道的更新。而在当前情况下，三个元素都发生了变化，因此，我们也面临着一个全新的大众传播研究局面。

在美国，大众传播可以被看作一系列媒体组织形成的一个体系，也可以被看作一个社会问题和一个学术研究领域。作为一门学科，大众传播兴起于 20 世纪 50 年代，并分为三个部分：关于大众传播实践的基础教育，对大众传播过程与效果的实证研究，以及对大众传媒的批判与文化研究。虽然我国与美国对传播实践基础教育研究基本相同，但是，我国更看重大众传媒的批评与文化研究，而美国则将更多的注意力放在大众传播过程与效果的实证研究上。

20 世纪初，人们所理解的大众传播的显著特征包括大规模生产、缺乏个人控制以及可用渠道有限。但是在今天的互联网时代，这些特征已不像过去那样准确。

当前大众传播的主要变化包括两方面：个体力量的改变和数字技术的互动性增强。首先，个体力量从用户到多任务执行者、从积极受众到媒介素养、从消费者到产消合一者。这些个体力量的改变正在极大地震动我们赖以理解的大众传播的根基。其次，数字技术的互动性增强包括信息传输和检索发展迅速，新技术的便携便利给大众传播提供了大跨度发展变化的平台，同时用户能够通过数字技术拥有更多创建和选择的自由。以 iPhone 的操作系统 iOS 为例，它是互动性强、自由度高和用户隐私愈发受保护的典范。在它的技术支持下，新闻的互动性、参与性和时效性大大增强。

大众传播的这些新变化使大众向分众转变，并且产生渠道的激增以及市场和受众的细分，在此过程中不同的渠道也将更专业，渠道的激增会促进市场和受众的进一步细分。这些市场和受众的细分被称为 niche，国内比较认可的翻译是“利基”。

在当下和未来，关于“媒体对人们做什么”的关注会更少，而“人们用媒体做什么”将引起更多关注和探讨。在互联网时代之前，媒体往往考虑自己能为用户做些什么，而现在我们应该适当地换位思考，更多地去考虑公众和受众会用现有的媒体做什么。

大众传播学理论

在 19 世纪末和 20 世纪初建立的大众传播学，主要假设是由少数的、机构的和以营利为目的的媒体单向地向庞大的、由个人组成的群体传授信息，并且可以获得强烈的、社会的和常常是有害的效果。

传统传播学理论的假设和特征包括四点：以传授者 / 媒体为中心，视媒体对象为受众 / 假设受众是被动的，与电视媒介的关系紧密，单一的内容生产、展现和传播形式。

议程设置、培养理论和批判理论等核心大众传播理论都假设一个集中的大众传媒体系的存在。那么，在媒体呈分散和分众状态的新环境里，这些核心大众传播理论将如何发挥作用？

1. 议程设置理论

议程设置理论已经发生了变化。

最初的议程设置理论建议，媒介议程经过“早期识别者”（相当于今天的“意见领袖”）的作用后形成公众议程。自此之后，议程设置至少有了三个其他模式，它们之间的区别无非是把最初模式里的三个因素颠倒了几次位置。与使用与满足理论相比，议程设置理论更以传授者为中心，受众更被动，更将事件看作离散和独立的个体。

传媒技术和数字平台从根本上改变了传授者与受传者之间的关系，从而让受传者拥有了前所未有的权利和自由；各种力量都在发生变化，包括互联网的力量、意见领袖的力量、自媒体的力量，同时，受众的注意力不再是一个常数。

但是，现在议程设置理论的研究面临着一些问题：议程设置理论在未来的影响会更大还是更小？新媒体的议程设置的影响会更多、更大还是会出现其他现象？在未来，不同的媒体是否有不同程度的议程设置的作用？在考虑不同群体的需求和不同新闻事件的时候，它们之间的差异会不会更大？

目前议程设置理论研究存在两大趋势：一是从最初关注公共事务的焦点延伸到其他领域的离心趋势，二是将该理论的核心理念变得更加明确的向心趋势。在过去近 50 年里，议程设置理论的发展和研究主要表现在基本议程设置、属性式议程设置和议程网络设置方面。

议程设置理论面临的核心问题是从“由媒体告诉公众该知道和思考哪些议程”向“公众告诉媒体他们想了解和思考哪些议程”的转变。例如，现有的媒介议程的衡量是通过对主要新闻媒体的内容分析来完成的。随着可选择的新闻来源激增，这种衡量方法将面临巨大的挑战。同样，在人们能够利用新媒体技术过滤和设置个性化新闻的情况下，公众议程的衡量也会面临很大的问题。

大卫 · 韦弗[①]于 2013 年提出了一种导向需求模型，可作为另一种方式来总结导向需求、媒介关注、议程设置效果和议程融合之间更多积极信息寻求的关系。这个模型假设高导向需求更可能导致对垂直媒体（指报纸、广播和电视等传统媒体）的注意高于横向媒体（指的是满足个体或利基受众和市场兴趣的媒体，比如社交平台），中等积极导向需求（高关联性和低不确定性）更可能导致对横向媒体的注意高于垂直媒体（因为不确定性比高导向需求组低）。这个模型还假设，对垂直媒体的注意最可能产生的结果是第一级（客体）议程设置效果，对横向媒体的注意最可能产生的结果是第二级（属性）议程设置效果；尽管对垂直媒体的注意会产生一些第二级

① 最初创建议程设置理论的三位学者之一。

议程设置效果，对横向媒体的注意会产生一些第一级议程设置效果。同时，对垂直媒体的注意和对横向媒体的注意有时是相关的，正如第一级和第二级议程设置有时也是相关的。最后，这个模型假设，与第一级议程设置相比，议程融合更有可能是第二级议程设置的结果，而且，议程融合对人们对横向媒体的注意比对垂直媒体的注意有更多的影响。

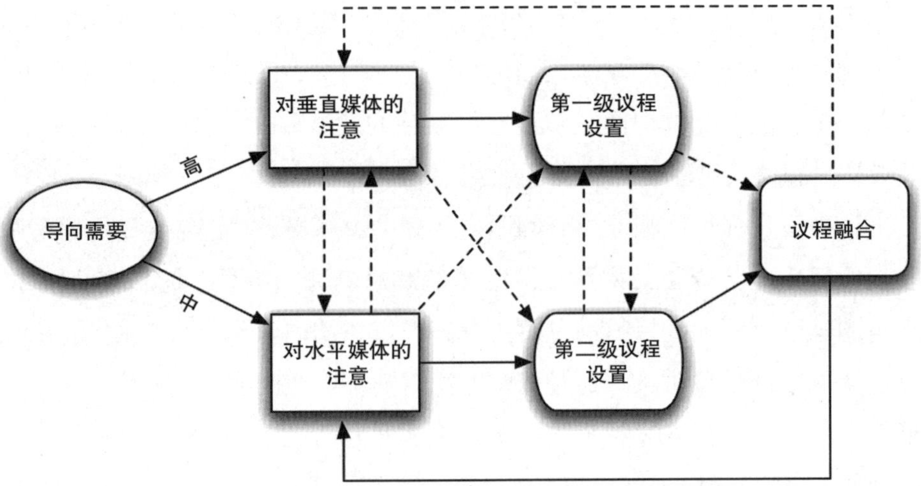

大卫·韦弗的导向需求模型（2013 年 3 月）

未来的议程设置理论不再是 A 到 B 的线性模式，而应该是充满活力的、横向传播和纵向传播互相交织的模式。媒体的传播效果和影响力让位于在数字平台上建立的新型的人际传播力量。

议程重构在此指的是对来自多源的包括媒体在内的各种议题，根据个人的兴趣进行综合和融合的过程，其目的在于更好地认识和适应个人所处的环境。就媒体的作用和影响力与数字媒体环境的关系而言，有关议程重构的思考、研究和探索更符合新兴媒体的发展趋势和规律。

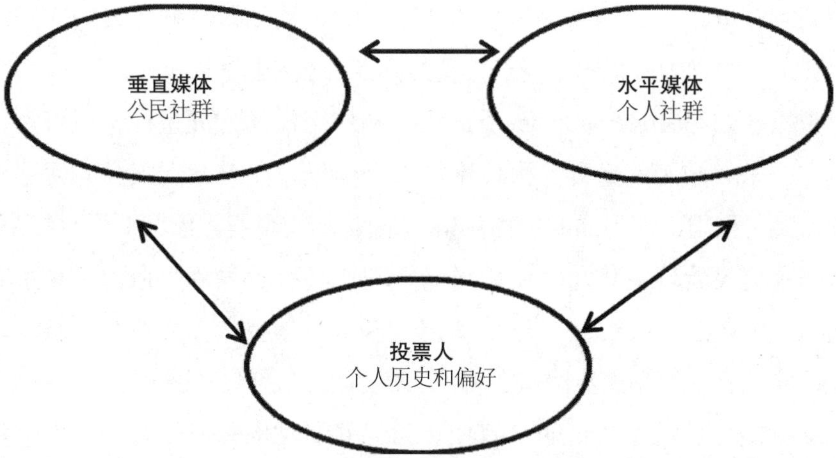

议程融合的元素

议程网络设置理论的灵感来源于社会网络理论。之前的议程设置研究将事件看作离散和独立的个体，现在将媒体议程看作相互联系的议题网络。媒体如何建立议题之间的关系会影响受众如何看待议题之间的关联。如果说前两个阶段的议程设置是媒体告诉受众想什么和怎么想，那么，议程网络设置则更接近李普曼所描绘的“我们脑海中的各种图片”（pictures in our heads）。

就减少议程设置的负面作用而言，新传播技术可能是好消息。具体地说，新技术具有的互动或双向传播的能力，以及总体上信息流的增加可能会赋予那些通常不被主流媒体关注的人们更多的权利。通过帮助他们找到并联系关心相似问题的人，媒介传播不仅能够让人们设置自己的媒介议程，而且能影响别人的问题议程。通过电子手段直接联络意见代表，或者与有共同兴趣的人形成团体，新媒体还能够赋予人们更多的设置议程的权利。

2. 使用与满足理论（U&G）

使用与满足理论把受众看作有特定“需求”的个人，他们的媒介接触活动是有特定需求和动机并得到“满足”的过程。它从受众的心理动机和心理需求角度出发，结合心理学和社会学的相关知识，解释人们使用媒介以得到满足的行为，提出了受众接受媒介的社会原因和心理动机。

积极受众（active audience）在选择和使用媒体方面呈现出积极性，这一点在未来将越来越重要。积极性是一个变量，在对不同媒介的使用程度等方面会有不同，在不同的传播场景、条件或传播过程里会有不同的表现。

与议程设置理论相比，使用与满足理论具有更强的生命力。其主要原因包括三个方面：首先是传媒技术的迅速变革，其次是数字平台即新媒体具有互动性、分众化和异步性三个特点，最后是理论自身的特点。

支持使用与满足理论的学者们认为，数字时代的特征为研究人类使用数字媒体的行为提供了很大空间。而批评者们反驳，正是因为提供的空间太大，以至于研究某种新媒介的效果变得几乎不可能，尤其是在使用研究传统媒介效果的方法时。或许正因为如此，新的传媒技术对未来传播学研究来说意味着一个新领域。因为新媒体和新传播研究具有探索性，所以，使用与满足理论的未来应用有可行性，可以验证已有的有关人类动机和行为的研究结果，有助于发现新的心理动机与心理情感和满足。

新媒体具有使个人、私人订制信息“成为自己互动世界的中心”的能力。新的满足感让一个人犹如沉浸于“集体环境中个人空间”里的“存在的气泡”，具有无所不在的移动性、有意义的社交圈会员制和自我确认装饰里的心理感受。现代媒体无疑更加关注联结用户、个人动因和知觉控制。由于移动终端和社交平台的普及，人们在分享信息方面的积极性和能动性被无限地激发和释放出来，如点赞、转发和分享后面的情感与满足等心理活动。过去测量和量化的维度和结果，比如环境监测（surveillance）、信息寻求（information seeking）和陪伴（companionship）等，要么太宏观，要么应该在新环境里被赋予新的含义。

未来，使用和满足理论还可以在以下两方面进行深入研究。

第一，从用户层面来看，使用与满足理论的研究方向更倾向继续研究和验证 20 世纪 80 年代出现的工具化（instrumental）和仪式性（ritualized）

媒体使用方式，以及从社会心理学角度考虑的使用与满足的概念、变量和维度，包括个人特质（personal traits）和情景因素（situational factors），研究它们是否能够解释当今的用户行为和心理。这一方面有助于发现和了解过去的概念、变量和维度是否依然有效，另一方面有助于发现和找出符合当今和未来用户的心理活动和行为，以及其他未能想到的概念、变量和衡量维度。

第二，使用与满足理论的研究还可与神经科学方法相结合。在该理论研究占据主导地位时，神经科学方法还不流行。未来，与神经科学方法结合有助于产生新的发现。使用与满足理论具有较高的相关性。和它的关键假设一样，数字技术的许多属性均体现“积极用户”的理念，要求用户积极地投入和使用。即便如此，我们也不能忘记使用与满足理论自身的缺陷和不足：其主要概念和理论框架是模糊的，并且没有考虑媒体内容的作用或效果；与其说它是一门理论，倒不如说是一种研究策略。

3. 培养理论

培养是一个典型的大众传播概念，旨在揭示源于文化价值的大众传播叙事对易受社会感化的受众的影响。叙事是一种基本的人类能力，大众传播叙事提供了诠释当今所见所闻的途径，有助于人们应付现代生活的匆忙节奏。这说明，以大众传媒传送文化主题信息的能力为关注重点的培养理论，仍然与现在时代息息相关。

培养理论面临的是碎片化时代，碎片化时代的特征是大众传播受众不断减少，媒体渠道日益增多，观众有更多机会参与和创建个性化媒体内容，以及在某种程度上无视大众传播内容。这些特征可能会改变培养理论的效果及其发生的过程。我们可能会看见更多和更广的媒体培养效果——通过多平台观看不同媒体内容的众多观众产生多种多样的认知。

假如多平台和技术扩散的信息代表着截然不同的认知形态，那么，一种可能是它将削弱电视作为“社交和日常生活信息源，不同类型观众的首要公共信源，以及解释世界并将一种特定社会秩序合法化”的力量；另一种可能是培养理论继续发挥作用，只是与以前相比有所不同，甚至在社交媒体环境里更有作为。与其说第二屏幕取代或置移电视，不如说社交媒体正在补充、增加和延伸电视。

由电视节目引发的社交媒体对话者会催生社会证明、从众和“假如社交媒体上的朋友们都喜欢某个节目的主题，那它值得认同”等基于社会规范的看法和启发式认知，从而增强培养效果。在思考数字媒体培养效果这片未知领域里的媒介效果时，存在着大量的“另一方面”；如果人们不是按照习惯或仪式，而是以“任何可能的方法”——时间平移和平台变换等今天常见的媒体使用方式观看节目的话，那么，娱乐节目的培养效果有可能被减弱。

最后，我们不应该忘记，当今时代不仅有传统电视频道，而且有数以百计的有线电视频道，无数的网站和社交媒体上多得无法统计的文化信息，有关大众传媒符号环境的内容分析将会变得非常困难和更加复杂。

4. 框架理论

传统意义上的议程设置是“议程怎样被设置”，而框架分析则集中在“媒体怎样去描述它们所报道的事件”。框架理论认为每一个议程本身包含若干属性，媒体通过强调一些属性和弱化、回避另一些属性来影响受众对这些属性的重要性的认识。

媒体的框架包括新闻涉及的话题（内容取舍）、外在表现（编辑中的篇幅和位置）、认知上的属性（被包含进框架的细节）和感情属性（全篇的基调）。

正是因为每个事件都是由多个属性构成的统一整体，媒体在报道某一事件时会因立场、背景等不同而在报道中存在一定的主观性，从而有意无意地强化、突出某些属性，同时弱化和回避其他属性。因此，在当下和未来，当不同媒体和不同“把关人”报道同一事件时，会形成不同事件框架的情况。这种不同的框架建构也会在受众中产生不同的传播效果。

当前框架理论面临的主要问题之一是，当传授关系发生了根本的变化，媒体强调的属性显得“无力”时，或者说，当用户有权和自由地无视媒体的框架，同时主动地表现自己在乎的“框架或属性”时，我们应该如何研究培养效果。

有关大众传播学未来的思考和建议

互联网和数字技术使大众传播过程中的三个主要群体——传授者、受传者和渠道——都发生了前所未有的重大变化。我们应该如何理性地看待这些变化，重新认识和调整现有传播学理论和媒体效果研究，和发展可以用来解释新环境和新现象的新概念和新理论？这些变化对未来中国新闻传播教育和科研有哪些启迪？创新扩散理论、沉默的螺旋、知沟、两级传播和议程设置等传播学理论是否还能指导我们研究、分析和解释当下和未来的传播现象和问题？传播学者们多年来的研究成果和学说是否还有效？我们应该如何针对新环境和新现象修正现有的理论，提出和发展新的概念和理论？

一方面，我们需要理性地思考和认识互联网和数字技术的特点和大众传媒面临的挑战，包括对媒体自身和媒体对象的重新定义和认识，对媒介效果和媒体影响力的重新认识，调整测量的标准和操作定义；另一方面，我们需要认清媒体和传播的发展趋势，从“数字优先”“移动优先”和“社交平台优先”等角度思考传播过程的主要元素、现实与理论的关系。技术的迅猛发展使新闻和信息消费越是一种多感官的经历，新闻传播越是一门多学科的学科。相对来说，基于受众积极性的使用与满足理论，培养理论中的“共鸣效果”和“主题效果”，说服理论，以及信息处理的启发式系统模型等理论在未来可能会更受重视。另外，发展新概念和新理论更应该重视研究方法。新媒体技术不仅使传播过程不再单向，而且使大众和人际传播领域之间的界线变得更模糊。人们选择和使用媒介的方式会继续根据他们在社会结构中的地位而有所不同，同时也会根据平台和渠道的技术特征和互动方式而变化。这些差异对研究方法的选择提出了更高的要求。

无论是修正和完善现有的传播学理论，还是发展新概念和新理论都不是一件易事。作为一门经过时间考验的学科，传播学需要继续发展，一方面发现和了解已有的概念、理论和模型是否依然有效，另一方面探索和创建符合未来传播环境和发展趋势的新概念和新理论。与其他理论一样，学术发展没有捷径。我们只有通过理性思考，认真探索和努力研究，方能使传播学不断发展和完善。

第 19 讲

美学与传播学的交相辉映

——宣明栋谈数据可视化的理解与运用

近年来，数据新闻成为业内热词，由于云计算与大数据技术的运用，数据新闻成为时代孕育的必然产物。通过对数据进行分析与过滤，创作出更为准确、详细的新闻报道，或者通过展示精确的数据，使受众获得足够的新闻背景，都成为新时期颇受欢迎的报道方式，尤其适用财经类和灾难类的新闻报道。在这样的背景下，数据的可视化被认为是这种新闻报道的新型引擎。借助图像等手段对信息进行可视化、图形化的处理，可以更有效简洁地传递传播者的意图。数据的可视化使原本枯燥的文本内容拥有了新的生命，基于美学角度的考虑，可视化后的数据更像是工匠精心雕刻的艺术作品，无论从审美角度还是实际运用层面都完成了一次质的飞跃。同时，在传播领域运用数据可视化，也会使大众接受更立体直观的信息，带来更好的传播效果。

主讲人简介

宣明栋，现任罗辑思维公司副总裁，曾任（原）中央电视台新闻中心策划部副主任；担任《实话实说》总策划、《人物新周刊》制片人、特别节目《中国日记：我们的 2003》《印象 2007》《奔向嫦娥》《牛年怎么“牛”》等节目的制片人；曾参与创建和发展央视新闻中心 DESK 运行体系、新闻通稿制度、@央视新闻（央视新闻新媒体系列产品）、央视评论员体系、内部评价体系（收视、监看、考核等）等内部管理和业务制度建设，以及节目研发、课题研究等工作。

欣赏：数据可视化是平衡科学与美的艺术

从美学的基础考虑，好的数据或信息的可视化是一件艺术品，体现了新的时代背景下美观、新颖、充实与高效的特征。数据原本是枯燥无味的，但是数据本身有极强的逻辑性与科学性，通过可视化的手段，将数据打造成具备审美功能的作品，就可以最大限度地降低数据本身的乏味。

美国同行把奥巴马第二任期的就职演说中的全部语言都进行了分析，

然后根据每一个词出现的频率将其聚集在一起，一个词语重复的次数越多，形成的阴影面积就越大。按照这一规则，他们把各个词的阴影面积集合在一个具象的框架里，每一个聚集起来的阴影在可视化当中叫作词云。这个具象的框架可以构造出多种图案使其更有视觉冲击力，比如乔布斯的头像。

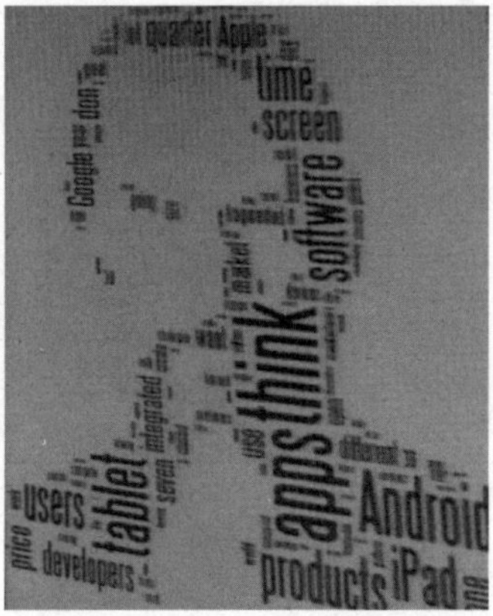

在对数据进行可视化的构建之前，欣赏数据之美是我们应该具备的基本素质。如果用一个标准来衡量信息的可视化产品，那就是一个字：美。好的信息可视化，不仅让受众从构建的具象作品中读到丰富的信息，而且让受众在接触可视化作品的一瞬间，便产生阅读的冲动。信息的可视化也为受众观察数据提供了一个新的视角。数据本身的枯燥乏味难以改变，当代生活的快节奏很难让受众花费大量时间去研究解读数据，而可视化的数据便于受众主动接受并关注数据的意义。

展示数据是提供信息最简单的手段，数据可视化可以使人们接收充实的信息。和文本内容相比，数据的信息传递能力更大，扩充了受众的信息接收量，扩展了其知识储备。可视化数据为我们带来的另一种便利是高效，可视化作品通过对数据的聚合与分类，将冗杂的数据进行了有条理的整合。更为重要的是，一个立体直观的图形就可以表达出复杂文本的含义，同时以受众最易接受的方式描述不同事物之间的各种关系。

敏感：可视化思维形成的必经之路

对形成数据可视化的敏感性，是我们产出具有“美感”的可视化作品的必由之路。能力的形成来源于生活，来源于我们对日常生活中数据可视化的敏锐嗅觉。在信息接收与传递的过程中，将可视化的思维运用到传播内容的构建上，感受不同传播内容带来传播效果的异同。同时，面对浩如烟海的外来数据与信息，敏锐地感受到其背后的隐含关系，通过建立可视化作品将这种关系展示出来。

2008 年北京奥运会刘翔摔倒后，新浪微博上爆发了对于此事的各种评论，如果将评论的情况做数据挖掘工作，就会形成一个可视化的作品。比如根据词性是正面的还是负面的做一个区分，将相关联的词汇放在一起，用蓝色区域标记对刘翔持支持态度的言论。“梦想”一词所形成的汇聚点很大。同时，如果一个人在评论的时候用了“梦想”这个词，他最可能还同时用了“实力”“精神”等。用红色区域标记对刘翔退赛持反对态度的言论，例如“意料之中”这些词汇。同样，负面词汇被用的次数越多，这个汇聚点也就越大，然后反面词汇之间的关系也就越清晰地显示出来。诚然，这样一个可视化作品的制作基于大量的数据，但我们需要明白，新媒体平台带来的信息量是难以统计的，类似的事件更是数不胜数，我们要养成对新媒体信息进行可视化作品构建的思维，从中逐步培养自己的能力。

运用：数据可视化在传播领域的广泛应用

数据的可视化作品，是在数据新闻的基础上形成的，更适应当前时代的新生事物。以电视为代表的传统媒体对数据的可视化呈现，使人们看到了传统媒体在与新媒体竞争中新的曙光。声画结合的视觉信息传递，为新闻报道开辟了新的路径。仔细观察可以发现，以央视为代表的电视媒体已经在运用可视化作品进行新闻的报道与信息的传播，涉猎范围以央视二套的财经类新闻为主。财经类新闻的文本构成以数据为主，数据可视化在财经类新闻中拥有广阔的施展空间，通过可视化作品展现经济的变动情况，为观众提供了清晰高效的展现方式。

可视化信息的优点无须赘述，信息传播活动的最终目的在于满足受众的需要，实现更好的传播效果。因此，展现优越性的可视化作品成为我们传播信息时的内容选择方式，通过不断培养数据可视化能力，在实际生活中不断运用数据可视化方法，生产出更多受欢迎的媒介产品。

欣赏、敏感、运用是培养数据素养的关键

数据素养是指使用数据处理和思考问题的能力。要懂些算法和程序，才能更好地参与和理解问题。

电脑算法决定很多事情，影片《萨利机长》中，数据的处理和使用，甚至决定了机长是英雄还是罪犯。数据算法比人类强大得多，如果不懂算法，就很难提出反对意见。就如影片中所展示的，用计算机模拟飞机遭遇事故的处理方式，来判断机长当时的处理是否合法。但是，飞机事故的处理，是要考虑人的因素的，再回到算法中，就是增加三秒犹豫，这样再通过算法得出的结果，才能令人信服。

数据思维要善于提问题，能够提出问题，就能按着这样的路线思考，找到相关的资料档案，来解决这个问题。比如高个儿的男生是否更容易和女生约会成功？这个问题从数据的角度思考可以这样问：收入要比一米八五的男生多多少，才能和他约会的女孩儿一样多？这是提出问题，同时要对数字的背景有所了解、有所比较，明白数据背后的意义。

解决了识数问题，如何用数据的思维解决问题？例如，男性上飞机前小便后登机，一趟航程节省多少燃料？这个问题的解决过程可以是这样的，

一趟航程中，飞机的重量和总耗油量是可知的，这样单位质量的耗油量可以得出；成年男性一次小便的排泄质量，可以大致估算为一听罐装可乐，约为 355ml，这样便不难得出最终结果了。最后是检验问题，运用实例来说明。

案例一

国外的电饭煲曾一度风靡国内，价格甚至比国产的电饭煲高出了十几倍；市民们多认为，国外的电饭煲煮饭口感可能会好。央视新闻频道曾做了一期节目，专门比较国产电饭煲和国外电饭煲煮饭的口感。影响煮饭口感的因素主要有大米、水、电饭煲，选用一样的大米和水之后，电饭煲成为唯一的影响因素。

对煮饭口感的比较，包括两个部分：一是让几位市民做感性的品尝，并盲选投票；另一个部分是对不同电饭煲煮出来的米饭，做相关指标的测量。市民盲选投票，觉得国产和国外电饭煲煮出来的饭，口感差别不大；测量指标显示，国产电饭煲煮出来的饭在有些方面甚至优于国外。也许这个实验还有许多不严谨之处，但是从理性量化的解决方式来看，仍有其意义。

案例二

著名心理学家艾伦·兰格曾做过这样一个实验。几十个人正在排队等候复印资料，他让插队者对正在排队的人说："打搅了，我有 5 页资料要复印，能否让我先来？"对这样毫无掩饰的插队请求，有 60% 的人满足了插队者的愿望。但当插队者在自己的插队请求中加入"因为……"时，如"我能用下复印机吗？因为我赶时间。"同意插队者请求的人数居然达 94%。这种结果没有什么可奇怪的，毕竟大部分人对待合理的请求还是会通融的。

接下来才是问题的关键。之后兰格稍稍变动了一下，他让插队者说了一个不可理喻的理由："我能先用下复印机吗？因为我有东西要印。"这个理由真是令人啼笑皆非，等候在这里的人，谁不是来复印东西的？但是尽管插队者的"理由"实在让人匪夷所思，结果还是有93%的人同意了，简直和前面的正当理由不相上下。这样的情况让人不解吗？类似于上面的情况是什么原因造成的呢？其实这来源于不断修正联想，就是跟在"因为"后面的补充论据在起作用。只要有解释理由的动机和表现，就很有可能会被人们接受。

案例三

"从监狱释放的囚犯不是只需要一套衣服和路费，而是需要一个过渡时间内少量资金支持，帮助他们找到在生活中的位置，推迟和阻止他们再次犯罪。"这是一个良好的设想，但是其效果等待检验。检验分成六个组，控制了每组平均年龄、性别等基本因素后，变量因素如下。

第一组资助26周；第二组资助13周且正常纳税；第三组，13周内税收有优惠；第四组，提供找工作的帮助；第五组没有资助，接受研究人员回访；第六组，什么都不管，不接触。结果是：所有组的结果没有差别。这是司法史上的重要研究。但是该实验也有应用条件，比如研究持续周期都是短期的，更长期的效果并不能通过这个研究来判定等。

在这个信息爆炸的时代，借助图形化的手段，高效清晰地交流信息是数据可视化的目的所在。作为一种信息载体，它拥有对数据的多种表现形式，是美丽的且带有趣味性的，是理性与感性、"美"与"用"结合的艺术品。培养数据素养，总的来说第一步就是要学会欣赏，第二步要对数据敏感，第三步则要尝试着去应用。

【现场问答】

问：在平时的学习生活中如何运用可视化思维，提升数据素养呢？

答：提升自己的数据敏感性，见到数据去记忆，拍下后回去查阅这个数据的背景。央视网资料丰富，可以与你们一起成立一个数据素养互助小组，互相讨论数据素养，在老师的带领之下进行一些数据的思考和讨论。当然系统地学习知识也很重要，还有很多比较通俗的书籍可以在平时看一看；多跟一些数据大咖交谈，你就会发现他们的思维很独特，你要学习他的那种思维方式。

问：可视化思维、数据素养在电视节目中的运用案例很多，对比《晓松奇谈》《央视新闻》《雪龙号》《我从汉朝来》，有优劣之分吗？

答：数据素养实际上分了四个级别，这四个级别，正好是这四个节目分别代表的情况。我认为最好的是《晓松奇谈》，第二档是《雪龙号》，再次一档就是《央视新闻》，最后是《我从汉朝来》，它几乎没有数据呈现。我们还需要注意，并不是节目中有数字就意味着有数据素养。数据素养是指用数据的方式来思考和提出解决的问题，这是一种思维方式。我们用这四个节目说明数据素养发展的四个阶段：《我从汉朝来》没有使用任何数据，只是用人文的方式呈现内容；《央视新闻》呈现了数据，把数据组织起来表达自己的一些想法，但是非常浅近；《雪龙号》把一些数据组合起来，完成一个综合性的叙述；《晓松奇谈》具体讲解了一个数据背后的含义，比如用多种数据可视化产品帮助观众理解新西兰在一战当中所付出的代价有多惨重，为什么“十人征一”是竭泽而渔的指标。

问：目前，部分商业公司收集的数据信息，是否涉及信息的安全问题？

答：我作为一名记者，无法回答这个问题。信息安全确实是我们一直在考虑的问题，但是好多商家运用一些“巧妙”的手段获取你的数据，比如商家答应帮助你改善肤质，但是前提是需要得知你的实际年龄，个人数据就这样泄露了。但是反过来，数据搜集的代价就是个人的信息，不拿个人的信息去交换就无法得到数据，只能依靠法律来解决这个问题，例如《删除》一书指出互联网只有记忆没有删除，痕迹永远保留。现在美国正在呼吁，把一些数据永久性地删除，但是实际上是不可能的。大家可以去研究这个问题，但是前提是必须提高自己的数据素养，这样才能发现其中的问题。

第 20 讲

数据新闻教学与应用 ①

——杜英谈香港高校的数据新闻教育

2018 年 5 月，杜英博士在国际传播学会 (International Communication Association) 年会分享了研究论文《数据在"后真相时代"不可信了吗？——关于数据对新闻可信度影响的实验》，其中提到，"'数据时代'，伴随着大数据的爆发，数据驱动型新闻应运而生，基于数据提供有事实支撑的权威信息，成为保持新闻专业性的重要途径。"杜英博士认为，我们已经进入数据时代和新媒体时代的十字路口。数据技能越来越成为新闻传播专业人才不可或缺的立身之本。

① 部分内容来源于采访对象提供的《数据在"后真相时代"不可信了吗?——关于数据对新闻可信度影响的实验》一文。

主讲人简介

杜英，博士，毕业于美国北卡罗来纳大学教堂山分校，曾任香港浸会大学终身教授，现任职于美国加州州立大学富尔顿分校。主要教授数据新闻、研究方法和政治传播，主要研究领域包括后真相时代的媒体公信力、新媒体研究、新闻教育学、政治传播与舆论以及全球媒体传播。其研究成果曾获多项国家级乃至国际级论文奖，在《新闻与大众传播季刊》(Journalism and Mass Communication Quarterly)、《新闻：理论、实践与批判》(Journalism: Theory, Practice and Criticism)、《国际传播学刊》(International Journal of Communication)等全球顶级学术刊物上发表论文。杜英于2015年创办了以香港为基地的跨学科组织“数据与新闻社区”(The Data & News Society)。在前往美国接受学术训练之前，她是中国国内屡获殊荣的前线记者。

应运而生的数据新闻

数据新闻是数据和新媒体两者的结合。在谈论数据新闻之前，首先要明确两个问题，数据给新闻带来了哪些变化？数据新闻的独特之处是什么？

数据新闻的定义或许可以回答这两个问题。数据新闻，是结合传统的新闻采访，并使用精准而广泛的数据信息来讲述一个引人注目的故事；而呈现数据新闻故事的方式，往往是信息图表。在记者创作的任何阶段，数据都能带来各种可能性。数据的存在，能够更生动地阐述故事与个体的关系。

从新闻层面来看，数据新闻的意义在于提供信息和服务，数据让新闻更加准确，同时也能发挥监管、娱乐和教育的作用；从技术层面来讲，数据让新闻报道更具视觉吸引力和互动性，同时数据新闻具有较强的个体相关性，数据库的建立使数据得以共享。

数据的来源

数据新闻的制作流程大致可分为数据的收集、数据的处理、数据的分析及数据的呈现。数据的一般来源有政府公开数据、商业服务数据、研究机构数据、跨民族机构数据、民意调查数据和自采数据等。

数据源在提供数据的同时也存在一些问题。数据源限制了数据讲故事的范围，故事通常只能就一些特定话题展开。有些时候，传统的新闻工作方法，也被用来揭示一些无法得到的数据信息。

我经常强调，不要被数据裹挟。要知道，数据清洗、数据分类和数据整合是一个充斥着大量数据的繁复过程，很容易让人忘记“讲故事”的初衷，忘记最终目标是把新闻传递给对应的受众。

的确，我们常常会因为缺少数据而受挫。我想提醒大家的是，从网络获取数据只是数据收集的一种方式而已。“网络原住民”这一代，往往理所当然地认为互联网理应提供各种各样的数据。这是对数据和互联网非常严重的误解。在我看来，互联网只是获取数据“最简单”的方式。

因此，当遇到网络缺失数据的情况时，我们应该回到传统新闻实践，和关键的采访对象交流。这就是立体地看问题，跳出思维定式，寻找另外的一些方式“接近事实”。如果遇到更坏的情况，我们无法在发布日期前补足所有空缺的数据，那就应该直接说明。从透明度角度来讲，这是一个更好的办法。

我们不能依赖自动过程获取数据。虽然我们必须依赖一些特定的工具、软件、程序来处理大量的数据，但是我们永远需要专业判断来进行二次核查。

数据可视化

如果用可视化手段呈现数据，就能将冗长的报道凝缩成简洁的数据报道。可视化效果的实现有赖于可视元素，如表格、曲线图、地图、互动地图等。

关于数据可视化，我曾做过一个受众研究，将参与者随机分为 5 个小组，阅读基于同一篇报道的不同实验素材并完成问卷。其中，每篇报道在数据及其可视化形式上存在不同。该研究证实了数据可视化在新闻生产中的必要性和重要性，却也发现，可视化形式并非越多越可信，比如，视频的加入可能会减少信息图表带来的优势。

该研究提示数据新闻工作者，数据新闻生产制作中，数据可视化有利于加强数据的可信度，但是应把重点置于增加实质信息的承载量，而不是过分关注形式的多样性。有时候，对于受众来讲，少即是多 (less is more)。

数据新闻制作实践与理论工具

在数据新闻制作的工具方面，使用程序，可以自动收集和整合来自当地政府的信息；使用软件，能够发现成百上千个文件之间的联系。

收集数据的工具按照适用人群不同可以分为两类，不需要编程的记者可以使用 Import.io 和 Web Scraper；程序员和开发者可以使用 Python, Ruby, R 等。数据分析的工具有最简单的 Excel、Google Sheets, 也有 SPSS、Microsoft Access、MySQL、PostgreSQL、SQLite、Overview、Tableau 等。实现数据可视化的工具则有 Adobe Illustrator、D3、Tableau、Chartbuilder、Google Fusion Table、Echarts 等。

对数据新闻感兴趣的同学，推荐阅读《数据新闻手册：记者如何用数据改进新闻》《数据新闻：过去，现在与未来》《数据新闻记者：讲故事》这三本书，从中了解更多理论知识与方法指导。

数据新闻与国际新闻奖

我个人认为，当下最权威的国际数据新闻类专项评奖是全球数据新闻奖（DJA）。其他综合国际新闻奖，如普利策新闻奖，目前还没有独立的数据新闻类别。但是自 20 世纪 80 年代以来，使用大数据和统计学让故事出彩的新闻，就已经在普利策奖中获得一般新闻或调查报告类别的奖项了。举例而言，1988 年，《阿拉巴马》杂志使用了统计分析来调查该州的婴儿高死亡率；2004 年，《华尔街日报》的丹尼尔・戈登则对美国精英大学白人特权学生的入学偏好进行了带数据的系列调查。虽然这只是零散的例子，但也说明了数据在新闻中的重要性。

最近，2018 年欧洲新闻奖的候选名单中，有五个创新使用数据驱动讲故事的提名者，向我们展示了数据新闻学的力量和主流化趋势。

事实上，谷歌新闻实验室2017年的研究报告显示，全球42%的受访记者表示，他们经常使用数据来讲述故事，51%的新闻机构有专门的数据记者或者数据工作团队。显然，以历史的眼光来看，数据新闻在新闻传播领域已经比以往任何时候都更为主流了。

D&N Society与DMC

The Data & News Society（数据与新闻社区，https://dnnsociety.org/）是一个以香港浸会大学为基地的跨学科组织，一直关注数据新闻领域，致力于通过学习来训练和增强新闻专业学生及新闻从业者驾驭数据的能力。

在网上开放数据越来越多，信息越来越透明的背景下，随着新的可视化手段层出不穷，新闻媒体越来越懂得充分利用和挖掘有价值的数据来追踪和完善自己的新闻故事了。新闻专业学生普遍缺乏数据理念和相应的电脑技术，因此，我在2015年创立了D&N Society这样一个多元学科实践社区。该社区融汇了多种背景的老师、学生和从业人员，涉及新闻、计算机科学、统计、传播，以及教学培训领域。D&N Society的主要活动是年度工作坊、学术讨论会、主题沙龙、媒体实地考察和公开课。从2015年到2017年，D&N Society举办了9场学术研讨，2次媒体实地访问，2次公开课，一个为期6天的工作坊和一次前往台湾地区的交换访问。目前，该社区还有定期的简报推送。2017年，D&N Society参与联办了数据新闻竞赛。

D&N Society社区及其网站的运营有赖于社区成员与学生志愿者的付出，他们没有报酬，仅凭对数据新闻的共同兴趣和热情维系运营工作。浸会大学的数据与媒体传播专业（DMC）是新闻系和计算机科学系的联合项目。该项目是香港首个面向学生提供精准数据分析和记者教育培训的跨学科实践培养方案。基于通识性计算机科学训练，学生能够学习两个系的联合课程。课程结束，学生能够根据新闻训练使用不同来源的数据为相关媒体机构制作分析型、方案型和深度型产品。

该项目既面向计算机科学院的学生，也面向新闻学院的学生。有些课程还会向其他专业学生开放。课程分为三个部分：第一部分是衔接类课程，其中，计算机科学系的学生将接受新闻学院的英语新闻报道与写作、新闻传播学等课程，新闻系的学生则将接受计算机科学系的数据分析与管理基础、网络中的数据驱动可视化等课程；第二部分是集体参与的核心课程，包括数据分析与可视化实践、用数据讲故事和进行调查报道的实践等；第三部分的选修课程则涵盖了大数据分析、数据挖掘、人机交互、网络与人工智能、可视化新闻、时事分析、多平台新闻等垂直化课程。

该培养方案涉及多个领域，针对不同技能提供了相关岗位的培训，包括在线编辑、新闻机构的信息技术经理、新闻网站设计师、数据顾问、数字市场开发、互动设计师、媒体产业分析师和研发专家。

在媒体快速发展的时代背景下，纽约时报、英国广播公司、卫报、时代等顶尖新闻机构，都对拥有跨学科知识与技能的毕业生有很大兴趣。此外，公关公司、市场部门、非政府组织和政府管理部门等，都需要会用数据讲故事的人。

在“后真相时代”，我们试图在大数据、新兴媒体、“替代事实”的交织中，为新闻业的发展寻找新的出路。开展“数据新闻对新闻可信度影响”的教学与研究，对于理解新闻的未来以及社会的未来都具有重要意义。

第21讲

数据可视化和数字化故事叙述

——周柳宁谈可视化产品的创作

美国南加州大学安娜堡传播学院有一个硕士专业——Communication Management（沟通管理），专业课程涉及传播、管理学等领域，如新媒体技术、市场调查、娱乐行业管理等方向。周柳宁博士在这个专业教课，课程名字叫作Data Analytics and Visualization,（数据分析和数据可视化）。这门课程周期为15个星期，有三分之一的时间是讲授数据可视化，三分之一的时间讲一些基础知识，另外三分之一是数据分析，包括商业性研究常用的一些数据分析方法。美国的硕士、博士在研究生阶段都需要学方法课和理论课，数据可视化和数字化故事叙述是整个课程的主要内容。

主讲人简介

周柳宁，毕业于美国南加州大学安娜堡传播学院，获博士学位，现任南加大安娜堡传播学院未来数字中心的研究人员、执行主任。长年从事国际电信传播、国际传播、数字传播领域的研究，在政治传播、政策分析等方面有较深入的见解。

Data Sense：培养数据敏感性

大家平时有没有接触或留意到数据？这里说的数据不是访谈的文本数据，而是一些量化的数据。在研究生阶段所做的数据研究主要分为两类：一类是量化的数据，还有一类是质化的数据。研究方法分为两类，量化的分析研究和质化的分析研究。今天主要讲的是量化的数据研究。数据实际上有两个来源，一个是自己去收集，叫 the primary sources，第一手的资料，只要设计一个调查问卷，让朋友、同学来回答那些问题，自己作为一个独立的研究者分析所得数据。但很多时候你可能没有这个精力、财力去收集数据，至少在美国收集数据的成本很高昂，这时你就会用到 secondary data，二手的数据，这是别人已经帮你收集好的，比如政府部门或者一些国际机构、商业部门收集到的数据。美国有一个网站www.data.gov，除了FBI、中央情报局等收集的机密数据外，所有政府部门收集的和民众生活相关的、可以公开的非敏感数据都可以在这个网站上找到。内容种类也很多，有房屋、雇用、就业、金融，还有教育、人才的相关内容，按行业分类附加一些更具体的信息，是一个比较丰富的数据库。

各国的政府部门，也收集很多可以公开的数据并和公众分享，还有一些国际机构也会收集数据。我们的课堂上就会用一些联合国的数据，比如联合国的人类发展报告，里面有很多数据，还有国际能源署、国际卫生组织等国际机构。因此，在不太可能去搜集第一手数据的时候，就可以利用一些现有的数据。已经存在的数据库database，就是比较好的数据源。我们的教学目标是培养学生对数据的敏感性，即怎么解读数据，同时怎么利用这些数据生成一些可视化的产品，以及用数据讲述故事和分享一些信息。这些东西可以用在什么方面呢？可以用在描绘洛杉矶的无家可归人群的人口分布情况，用颜色深浅代表人数多少，所以大家通过这类数据会看到人群集中在中部，海边也有不少，整体分布比较散。一般情况下，学生会用这种可视化技巧服务商业机构，做一些市场研究（marketing research）或者写商业报告，还有的可以用到新闻采编里。

数据敏感性包含两个层面，在日常生活中我们会接触很多数据，第一个层面就是怎么样培养数据意识（make sense of data），这是作为消费者的层面，另外一个层面就是制作人（producer），在理解和消化这些数据之后，最终目的是要把这些数据的内涵告诉别人，这是数据制作人（data producer）的职责。很简单的一个例子，美国体育联盟会收集很多数据，这些数据代表什么呢？大家在消化数据的时候就会看到不同种类，像勒布朗·詹姆斯的运动生涯的统计数据，他每年参加多少场比赛、平均每场打多少分钟、得分多少、命中率、篮板、助攻、抢断、盖帽等都是数据。大家要知道这些数据代表什么，从这些数据背后能看到什么信息和知识，数据是无所不在的。所以数据敏感性的重要一点就是要有所准备，不仅是熟练使用英语或是熟练使用 PowerPoint，更需要大家熟练运用数据，有数据意识，知道怎么围绕数据来考虑问题，怎么从数据中得出结论。

Wisdom：提取和剔除数据

数据是最底层的信息。当我们理解数据和其他一些概念的关系时，数据实际上处于金字塔的最底端，一些符号或者观察到的现象以数字形式出现。但是，当我们做数据分析或数据可视化时，不能只和受众分享单纯的原始数据，作为一个分析人员，需要从最底层的数据里面提取有价值的信息、知识、结论。因此，要学会剔除数字的单一形式，考虑这些数据到底说明了什么，思考和评判什么才是正确的。

学习新的知识，只停留在知识层面还不够，要达到最高层面即智慧的等级，这就需要提炼的过程，要把数据和信息抽象化提取，剔除没有必要的东西。统计学的老师常说一些内容是噪声，只有部分内容才会释放出确切的信号，传达一些趋势。只有把噪声剔除掉，才能得到比较重要的信号。同样，把不必要的数据、信息、知识剔除了，就能上升到智慧的层面。

Editorial Thinking：关注核心数据点

处理数据的时候需要编辑思维（editorial thinking），把自己想象成一个编辑。那么多数据和数据点，是不是要把它全部可视化？这些数据说明了一些什么问题？哪些数据点比较重要、哪些无关紧要？哪些是杂音，哪些是主旋律？我们要分辨这些就需要有编辑思维。大家可以想象，如果你作为一个记者去采访，你可能拍了 15 分钟的录像，还采访了十个人对某个问题的看法，但你不可能把这些东西都播出来。你需要剪辑，需要编辑。这就是编辑的过程。

编辑思维就是要形成一种眼光，判断最终从哪个角度来看这个问题，最终要向受众展现什么东西。就像前几年美国警察过度执法致死黑人案件，大家就会有各种各样的看法：黑人有黑人的看法，警察有警察的看法，亚裔有亚裔的看法，白人有白人的看法。对同一事件从多角度思考，也是编辑思维的一种手段。总而言之，就是要有一种眼光，知道你要做哪一种决定，知道哪些数据是可用的，哪些不需要展示出来。

举一个例子，1990 年到 2016 年关于信息行业的数据，其中包括报纸期刊、书籍、国际出版和广播、电影和视频，以及广播电视六个分类。数据由六条线组成，但是不是每一条都很重要？不是。我们需要做的就是从这几条线中看出哪些是最重要的、最能够说明问题的，哪些是不太重要的。其实最重要的只有两条线，首先是报纸的新闻从业人员减少很多，其次是网上的印刷出版的从业人员增加很多，由此可以看出通过互联网进行新闻报道的人数增加很多。所以如果要做一个可视化产品，就看这两条最重要的线，这就是作为编辑所需要专注的一些数据点。更深层的数据还有，互联网从业人员的数量 2000 年达到了峰值，2002 年开始下降，2005 年至 2006 年才开始恢复增长，这里可能就有一些新闻价值，这个地方的故事是什么呢？互联网泡沫。2002 年互联网泡沫破灭了，很多网站要么裁人，要么关门大吉。2001 年还发生了什么事情？“9 · 11 恐怖袭击事件”。这对经济的打击也比较大，不仅互联网产业，其他行业也受到了冲击，但是互联网行业表现得特别明显。这就是你怎样做才是合格的编辑，而不是一个简单的数据分析人员或者数据可视化操作者。

Digital Storytelling：更有效率地讲故事

以前我们讲述的故事都是在纸上呈现的，现在有了电脑，有了多媒体数码技术，所以就形成一种 Digital（数字化）的故事讲述。所谓的 Digital Storytelling（数字化叙事），就是基于电脑来进行创作、传播的讲述故事的方式。它的结构实际上和我们一般写新闻报道和作文的方式结构是一样的：开篇、主干、结尾。你可以根据时间的顺序来讲述，从前到后；也可以采用倒叙的方式，先从最后的结论讲起，再回到问题。

为什么用讲述故事的方式或者是用可视化的方式传播信息会更有效率呢？脑神经科学家研究的结果表明，如果是单纯地陈述一些事实，大脑的参与区域只有两个；但是如果用讲故事或者可视化的方式来表述，大脑里面会有更多的神经区域参与这个过程。也就是说，只是简单地陈述事实，大脑并不是很活跃。

要做好数据可视化和数字化故事叙述，最开始要学习一些简单的统计方面的知识。如果你没有理解统计学的一些基本概念，比如说数据分类，怎么收集数据，哪些数据、什么样的数据是可靠的，那就很难保证数据的质量。第二步，就是要学会数据分析的方法。这就需要用一些统计软件，比如 SPSS。在美国，社会科学领域，比如心理学、传播学、社会学、政治学等学科的研究生，他们都会使用这个软件来分析数据。直接呈现原始数据没有意义，必须在加工之后才能对外展示。事实上，数据统计分析不需要做很复杂的统计模型，比如回归分析等，关键在于培养大家对数据的敏感意识。

【现场问答】

问：微博可以通过付费来得到自己账号的访问量、粉丝数、阅读量等数据，这些数据可以被他人使用吗？

答：其实每个电话公司都有用户的使用数据，打了多少电话、发了多少信息、打去哪些地方……这些数据你自己是可以拿到的，但是别人的数据你就拿不到。牵扯到别人的隐私权的时候，公司绝不会轻易地和你分享。

说到这种数据，有一个很有意思的案例和大家分享。美国明尼苏达州有一个商店，卖一些日常吃穿用的商品。有一天，附近小镇上的一个爸爸跑去店里，很生气地质问店员为什么老是往家里寄奶粉、尿片和婴儿衣服的优惠券，他们家不需要这些，也没有人生小孩。经理知道后就道歉了。结果第二天这个老爸又跑回来跟经理道歉，说对不起，是他的女儿怀孕了。那这个店是怎么收集到这些数据的呢？怎么判断出他们家有人怀孕了呢？因为那个高中女生每天晚上都在商店的网站浏览相关的商品信息，在上面比较奶粉、婴儿床、奶瓶、婴儿衣服的价格。商店自然就收集到了这些cookie，也就是大家每次浏览网页时留下的痕迹。公司根据IP进行定位，然后做出判断，是这家而不是那家有人怀孕，需要买母婴东西，然后相应地往这些顾客家里寄折扣券。

问：这样会不会涉及泄露用户的隐私？比如这个高中女生怀孕了，并不愿意让别人知道，但是商店的行为就把这个情况公开了。

答：刚才提到的cookie，你是可以选择是否让公司追溯、是否允许公司收集你的数据。比如说谷歌，我现在设置可以收集我的信息，那它就知道我现在在北京，它显示的是下午好，时间是北京时间和天气。但我也可以选择不让他知道我在什么地方，不让他收集我的数据，从而保护隐私。

问：如何做好可视化产品，是否有一些策略和方法？

答：要做好数据可视化这个工作，需要扮演八种角色，就像一个人戴八顶帽子。第一，你可能是一个发起人。第二，你可能是一个数据科学家，最近两年美国兴起了一种新的专业——数据科学，和以往的计算机科学不同。第三，有时候你可能是一个讲故事的人，专注于如何叙述故事，如何从叙事的角度来看待这些内容，这是一个类似新闻记者的角色。第四，你可能是一个计算机科学家，需要一些电脑编程方面的专业知识来收集数据。第五，你可能是一个设计师的角色。因为所有可视化都涉及平面设计，使用什么颜色、什么字体，如何设计整体的构图，所以需要有设计师的思路。第六，有时候你还需要对受众的心理比较了解，从而设计出一种他们比较容易接受的可视化的产品。第七，你可能是传播者，这些产品做出来之后，你还需要去传播开来。第八，你还可能是一个市场调查公司的人员、一个公关人员。无论哪个角色，目的都是要把这些可视化产品背后的信息传播出去。最轻松的角色就是做一个管理人员，其他的都需要比较专业的技能。

大家觉得哪个比较适合自己？这里面的数据科学家和计算机科学家当然是需要有理工科背景的人。文学生更多的是做设计者、传播者，以及管理者。这说明做可视化产品需要多方面的技巧和能力——数据分析、数据抓取、平面设计，也要掌握传播的技巧。

问：可视化作品这么多，有些做得好，有些做得不好，有没有比较公认的评判标准？

答：的确有一些评判原则。比如在平面设计方面就会有普遍的要求，可视化方面也会有一些原则。首先，最基本的是展示数据。不知道大家有没有注意到，有些时候我们把这两个词弄混了：资讯影像化（information graphic）和数据可视化（data visualization）。后者一定要展现数据，而前者则不一定，它可以只是文本。其次还要注意，要能够吸引受众思考一些实质性的问题，理解背后的信息。第三是要避免歪曲数据，有很多办法可以对数据动手脚，比如选择不合适的图例。第四就是设计的问题，你是选择柱形图、直线图，还是饼图，你用什么颜色和什么字体，设计上的一些小技巧可以鼓励受众做出比较和判别。同时还要根据目标统一主题风格。最后，这个可视化产品要提供一些描述，说明数据的标签是什么。这些小的技术性的问题，都在科尔·努斯鲍默·纳福利克（Cole Nussbaumer Knaflic）的著作《用数据讲故事》（*Storytelling with Data: A Data Visualization Guide for Business Professionals*）里面。这是现代数据可视化领域里程碑式的一本书。

做一个可视化的产品有很多步骤。首先要理解大环境，理解你的语境。其次就是要选择一种适合传播这些数据的方式，比如说有一些数据可能更适合用线性图来表示，另一些可能更适合柱状图、饼状图。在做好基础工作之后，你要去掉一些不需要的、不必要的内容，累赘的部分，形成一个初级的产品之后，还需要进一步的深加工。

第六部分

视觉传播　纪实影像

第 22 讲

获奖只是人生“逗号”

——黄文解读第十二届国际新闻摄影比赛（华赛）获奖作品

她个头不高、身形有些瘦小，但是身上却有着令人惊讶的多重身份。她是中国第一位参加国际战争报道的女摄影记者，是世界新闻摄影最高奖“荷赛”的评委，是中国国际新闻摄影比赛“华赛”的评委会主席。她，就是黄文。

2006、2007 和 2016 年，黄文三度担任世界新闻摄影最高奖“荷赛”奖评委。因此，她不仅看到了更多的作品，也知道了更多照片背后的故事。黄文认为，摄影是观察世界的一种途径，每一张照片不光定格了按下快门的瞬间，更是摄影师的表达。做一个视觉书写者，是摄影工作者的义务和梦想，如实书写更能彰显道德和力量。

因此，对于一些摄影师为了获奖投机取巧、造假的现象，黄文感到非常痛心，她认为诚信危机是整个摄影行业面临的最大问题。

黄文说："在对待假照片方面，国外有着严格的行业惩罚制度。摄影师如果出现诚信问题，就会被扫地出门，整个行业都不再接纳他。有如此严苛的惩罚机制，绝大多数职业摄影师视造假为畏途。但是，我们国内到现在为止还没有完全形成这种机制，一个摄影记者造假了，他可能就是丢脸一次，甚至以后该干什么还干什么。这就需要我们认真反思我们的行业制度。"①

主讲人简介

黄文，文学（传播学）博士，新华社中国图片集团副总裁，高级编辑。1989 年本科毕业于中国人民大学新闻系新闻摄影专业，进入新华社摄影部。

1995 年，她的摄影作品《学京剧的孩子们》获得法国昂热国际独家新闻节文化新闻图片奖。1997—1999 年常驻德国两年，其间她作为摄影记者，于 1999 年 3 月至 5 月参与科索沃战争报道，是中国第一位参与国际战争报道的女摄影记者。2000 年，她出版个人战地摄影集《标靶》。2001 年 9 月至 2007 年 1 月，她在职攻读中国人民大学传播学博士学位。2008 年，出版博士论文集《步步为影：数字化语境中的图像传播》。2006、2007 和 2016 年三度担任世界新闻摄影最高奖"荷赛"奖评委。2014—2016 年连续三次担任"华赛"评委会主席。2007 年应邀担任美国国家地理学会"所有道路摄影项目"顾问和美国阿里克西亚基金会顾问委员会委员。2008 年 2 月赴美国担任年度图片国际比赛 (POYi) 评委。与人合作翻译《哈尔斯曼摄影艺术》《美国摄影教程》等多部著作。

① 王向令.步步为"影"——黄文访谈录[J].新闻战线,2010(7).

不要为获奖去拍照

国内摄影师有一个不好的习惯，就是尝试着猜测大赛评委的喜好，并以此为依据选送自己的摄影作品。我的作品《学京剧的孩子们》在 1995 年法国昂热国际独家新闻节上获得文化新闻图片奖，此后多年国内连续不断地出现反映各类传统戏剧题材的作品，各种国际摄影比赛的参赛作品中也屡见不鲜。产生这样的现象，一方面是因为拍摄戏剧题材的图片很上相，不仅拥有色彩上的优势，也显示出一定的文化厚度；另一方面是因为戏剧题材曾经在重要的摄影比赛中得奖。因此，一些摄影师一再模仿已经获奖的题材甚至作品，这种“走捷径”的想法是不对的。

正如布列松的名言：“真理之眼，永远向着生活。”拍照片不要太功利，不要为获奖去拍照。因为伟大的作品很可能就在你家楼下转角等着你。

许多摄影师把获得“荷赛”“华赛”大奖当作职业生涯的最高点甚至是

终点，但是，得奖只是摄影师职业生涯中的一个“逗号”。因为摄影评奖过程其实是一个选择编辑照片的过程，相当于一群编辑坐在一起，决定让哪些图片登到年鉴上。面对同样的作品，不同评委组合最终评出的获奖作品可能大相径庭。而且，每年大批落选照片当中，都有很多优秀作品。当你用这种观念来看待大奖的时候，你就会觉得，相对于得奖本身来说，摄影更重要的是拍摄照片时的探索过程。就像解海龙，他的照片没得过什么国际大奖，但他是中国摄影界不可缺少的优秀摄影师。他的照片《大眼睛的希望》引发了一场巨大的社会运动，让我们关注到那些边远乡村等待学习机会的孩子们。有那么多摄影师从来没有得过大奖，没有捧过奖杯，但当他们站在我们面前时，我们觉得心灵悸动。因为他们的存在，这个社会的一些宝贵影像得以保留下来。

做如实表达的视觉书写者

2016 年“华赛”年度大奖时事类新闻组照金奖的获奖作品是《彼岸》，作者是波诺马廖夫。

《彼岸》的画面呈现开放性视觉效果，整幅作品的色调看起来仿佛是油画。画面中的人们争先恐后、表情决绝，颜色光线非常漂亮。不过，大家不要滥用色彩，一个优秀的彩色摄影作品，主体颜色不会超过三个。摄影师对照片进行后期处理时不要滥用 PS，不要滥用光线调整，不要滥用锐化。任何使画面中高光或阴影部分原有的细节消失、调反差对画面事实改变的情况，都逃不过图片“法医”专家的侦查。

《彼岸》这一图片的入选是一定意识形态的体现，相较之下，“荷赛”年度照片《新生活的希望》（*Hope for a New Life*）也是反映欧洲难民危机的，但却体现了另一种观点。它其实表达了欧洲国家在难民危机问题上的潜台词，欧洲宗主国认为自己为中东和非洲难民提供了庇护天堂。“华赛”

对欧洲难民危机的判断更为客观，更接近真相。难民历经千难万险来到欧洲，准备上岸了，但他们命运的结局是开放的，等待他们的是什么样的未来，我们并不知道，可能是美好生活的开端，也可能受到欧洲居民的强烈抵制。

从同一题材的不同获奖作品可以看出，不同的摄影比赛对同一个新闻的落脚点完全不同。“华赛”举办的根本原因也在于此，即在国际化的新闻摄影平台上建立中国话语体系与评价标准，在与国际优秀主流的摄影工作者合作的基础上，在关键时刻发出自己的声音。

2016 年荷赛评选中，与《新生活的希望》(*Hope for a New Life*) 角逐荷赛年度图片的，是另一幅作品《邦迪海滩风雨欲来》(*Storm Front on Bondi Beach*)。在偏重欧洲话语标准体系的荷赛中，反映难民危机的《新生活的希望（*Hope for a New Life*)》自然略胜一筹，因为难民对欧洲的经济、社会、生活影响太大了，大到他们无法承受，他们关注的焦点也倾向于此。但是实际上，作品《邦迪海滩风雨欲来》(*Storm Front on Bondi Beach*) 更象征人类的命运走向。暴雨将至，人类面对危机的无知与无畏，在这幅作品中生动形象地呈现出来。这幅作品获得了著名的美国环境摄影师的力挺。我认为，这种声音在强调人类共同命运主题的同时，一定程度上也可以呈现出北美国家隔岸观望欧洲危机的心态。

最危险的职业

法国美联社摄影师热罗姆·迪莱的作品《布隆迪骚乱》获得战争与冲突类组照金奖。

图片反映了布隆迪的政治骚乱，当地政局不稳，政府军与反对党互相攻击，摄影师在拍摄街头骚乱中表现得非常镇定。这里的战场与多年前欧洲战场的情形完全不同，欧洲战场上相对讲究规则，开战以后，按照他们的规则逻辑，可能险中求生。对于记者而言，真正的危险期是双方冲突阶段，此时各种意外频发，民兵与百姓之间相互杀害，相互偷袭。而到了近年来的中东战争冲突地区，记者甚至成为冲突各方蓄意杀伤的对象，伤亡惨重。杀死一个记者的影响远大于打击战争中的对手，这使战地记者成为世界上最危险的职业。而在如此危险的情况下，能够自我保全、稳定创作、拿出杰出的作品，足以证明摄影师的优秀。

《希腊—马其顿边界上的难民危机》获得战争与冲突类单幅金奖。画面中的难民儿童在南欧马其顿遭到拦截，画面极具张力，混乱的拥挤中孩子在哭泣，小女孩粉色的衣服也非常抢眼。不过，大家要注意，面对表现较高情绪的照片，评委也会产生审美疲劳，有时候，在情感上比较节制的画面表达也不失为一种好的方式，甚至是更好的方式。

莱夫特里斯·皮塔拉基斯的作品《撕裂边境》获得战争与冲突类单幅银奖。

图片采用开放构图，聚焦在孩子身上，在当时混乱的情况下找到干净的背景实属不易。

李睿的作品《弹雨》获得战争与冲突类单幅铜奖。

2015 年 11 月 6 日，在约旦河西岸城市伯利恒，烟幕弹弹道轨迹像雨一样，巴勒斯坦示威者在冲突中躲避以色列警察发射的催泪弹。一般而言，烟、火、大水、雪、风等环境都可以营造画面气氛，就像电视中呈现爆炸的画面要用烟火增加戏剧感，这一规则同样适用于摄影。

"战地记者，你别无选择"

67 天，300 多篇报道，6000 多张照片，这是黄文在科索沃战争期间做出的成绩。

1999 年 2 月，北约规定，到 23 日为止，科索沃必须达成协议。北约发出威胁，任何一方破坏和谈，他们将对破坏和谈的一方实施军事打击。于是，22 日夜里，黄文主动给新华社打电话说："和谈截止日就要到了，我们在科索沃没有摄影记者，而我觉得我们应该有摄影记者。"

"我想去，而且我有三个可以去的理由。第一，从空间距离上讲，我离科索沃最近，从法兰克福飞贝尔格莱德，只有差不多北京到上海的距离，因此我是全世界所有新华社摄影记者里，离南斯拉夫最近的记者。第二，早在一年前，我已经开始关注科索沃危机。自从 1998 年 2 月 28 日科索沃危机爆发，西方国家便卷入其中。德国举行过一系列政治外交的斡旋，希望能解决这个问题。我曾零零星星采访过其中各种各样的事件，因此对科索沃危机非常关注，看到并搜集了许多背景资料。第三是语言优势。我在德国工作，使用英语和德语。这两种语言虽然不像塞尔维亚语和阿尔巴尼亚语那样是科索沃居民的语言，但它们比起其他外语来，有比较明显的优势。众所周知，英语是在全球使用最普遍的语言；而德语，因为历史原因，曾是南斯拉夫一些地区的人民使用的第一外语。后来证实，在采访中如果我遇到英语行不通，改用德语交流，当地人反而更能接受，比使用塞尔维亚语或者阿尔巴尼亚语还要安全一些。"

尽管黄文在第一时间主动请缨去科索沃，但是总社领导只用了一句话就回绝了她："不行，毕竟你是个女同志！"黄文没有因此放弃，而是一再坚持。"实际上，我和领导之间通过很多电话，我一个电话打回去，他们一个电话打回来。经过数次交流，他们最后下了决心，说：‘好吧，就派你去吧。’后来我才知道，我是同事中第一个向总部提出申请的摄影记者。”①

就这样，黄文如愿来到了科索沃，她本想，如果战争不爆发，待几日便回去，为此，她还买了返程机票。然而战争一触即发，她在科索沃战场一待便是 67 天。这些天里，黄文要做的就是每天第一时间赶到爆炸、战争现场，用镜头记录前线发生的一切，然后立即向国内发回报道。有人问黄文：“你不害怕死亡吗？”黄文说：“害怕啊，但是既然选择来到这里，就要好好完成任务，作为一个战地摄影记者，我别无选择。”

灾难下的人文关怀

周巍的作品《焦土悲伤》获得灾难类单幅金奖。

本届“华赛”和“荷赛”中都出现了许多优秀的航拍作品。在天津港 8 · 12 特大火灾爆炸事故中，记者不能进入现场，这时无人机就成为一个很好的辅助工具。《焦土悲伤》是一幅彩色作品，但是烧焦的车辆颜色接近黑白，映衬得救护车的彩色格外抢眼，报废的车整齐码放，很有秩序感，加上空中的独特视角，照片十分出彩。

陈洁的作品《乳房之殇》获得灾难与疾病类单幅银奖。

作品使用了一层“纱”的表达，非常含蓄，体现了对被摄者的尊重，饱含敬畏。新闻摄影最难的是获得途径，即获得被摄者允许拍照的权利。

① 黄文：穿越战争的女人（北京电视台第3套节目《谁在说》实录）[EB/OL]. http://www.moon-soft.com/program/bbs/readelite13657.htm.

摄影师能够获得途径是一种能力，但是获取途径后会犯另一种错误——滥用权力，毫无节制地从被摄者身上索取图片，随意暴露对方隐私。英文“摄影”有一种表达法，叫“shooting”，中文直译为“射击”，这说明照相机是一种具有侵犯性的设备，而摄影记者的到场，有时会改变新闻现场。因此，摄影记者面对具有争议的场景时，要谨慎使用相机，有节制地拍摄是考验摄影师职业道德的重要因素。

罗伯特·斯科米德的作品《珠峰雪崩》获得灾难与疾病类新闻组照金奖。

灾难发生时，5364 米的珠峰大本营上集合了数百名登山者，还有在大本营休憩、为攀登世界最高峰珠穆朗玛峰做准备的救援队成员。组照中使用经幡，有表达平安和祝福的隐喻。拍摄这一组图，对摄影师的体力要求非常高。

不平常的瞬间

戈兰·托马塞维奇的作品《尼日利亚选举》获得日常生活单幅金奖。

2015 年 3 月 31 日，尼日利亚城市卡诺。两名支持总统候选人穆罕默德·布哈里及其全面进步大会党的男子在庆典期间骑摩托车时意外撞倒了另一名支持者，这其实是一个最不平常的日常生活。

苏海卜·萨拉姆的作品《巴勒斯坦人》获得日常生活单幅银奖。

2015 年 1 月 7 日，加沙东部。一名巴勒斯坦儿童在自家房屋里，从盖着毯子的墙壁破洞向外张望。目击者称，这所房子在 2014 年夏天的 50 日战争中被以色列破坏。一对母女透过破烂的墙壁向外张望，形象地表现了苦涩的生活。

萨莎·福若姆的作品《撞网》获得体育类新闻单幅金奖。

2015 年 5 月 10 日，德国施泰格林山体育场。第三次足球联赛，红白埃尔福特足球俱乐部对阵杜伊斯堡足球俱乐部，埃尔福特队的尤里·尤特试图拦截对方球队的射门，但是却摔落在球网上。球也在网里，人也在网里，这一瞬间的尴尬很精彩。

达利亚·伊塞瓦的作品《不幸的冠军》获得体育类新闻单幅银奖。

他是一个痛苦的冠军，为了赢这一下也太倒霉了。体育照片最考验摄影师的瞬间捕捉能力，拍到合格不难，拍得精彩不易。因为总是要在日常的体育画面中找到一些不同的瞬间。找到这样一个瞬间捕捉下来，才能够吸引别人的注意力。

大卫·拉莫斯的作品《铁人》获得体育类新闻单幅铜奖。

虽然看不见这些人的面孔，但整个剪影和剪影上激起的水花特别出彩。水是制造气氛的一剂良药。这些运动员争先恐后地跳进水中激起水花，身形健美，姿态矫健，画面中的剪影由大到小的透视，具有非常浓烈的现场气氛和视觉冲击力，让我们仿佛也身临其境。

西蒙·莫里茨绍布扬的作品《街头极限健身》获得体育类新闻组照金奖。

彼得·波里亚克和莱西·杜索里埃在塞格德的星光官场表演“挂旗”极限动作，这不仅需要强壮的体魄，还需要大量的锻炼。

体育照片的评委们会格外关注不像体育照片的体育照片，每一年在体育摄影的比赛中都会有一两组或一两件这样的照片得奖。因为别人都在拍比赛，而他们拍的是比赛之外的一些比较特别的、与运动相关的东西。这些运动都不是在运动场里发生的，而是在一些普通的环境中发生的，比如雕塑马腿、门口的电线杆、门梁上等，千奇百怪，匪夷所思。

丹尼尔·奥乔亚·德奥扎的作品《希腊债务危机》获得经济类新闻组照金奖。

经济类跟数字打交道，因此对于摄影记者来说，经济领域对视觉书写是个灾难。但是世界上由经济动荡造成的社会动荡很多，所以经济新闻很有价值。希腊人民和警察发生巨大的冲突，画面很精彩，动态十足。能够有如此生动的视觉机会表现与经济题材相关的新闻，摄影师除了要有优秀的职业素养，足够好的运气也相当重要。

郭立亮的作品《悬崖栈道工人》获得经济类新闻单幅银奖。

湖南省某地区建设旅游栈道来发展当地的旅游经济，这是一种泛经济、社会经济的话题。照片拍得非常别致。摄影界有一句话："如果你拍得不够好，是因为你站得不够近。"而在这张照片中，如果摄影师没拍好，是因为他离得不够远。站得远能通观全局，能看到更大的画面、更大的场景，但同时，站得远了就需要摄影师对影像有更强的控制力。

【现场问答】

问：体育照中，一闪而过的瞬间是如何被摄影师捕捉到的？

答：优秀的体育摄影师能看见大家看不见的东西。比如吃光的灵光一闪、摄影师和吃光的相互关系，有些时候是凭经验的。同时，体育摄影师需要做到手快、眼快，以及长时间大规模的训练。当然，摄影师还需要运气好。

问：如何打破摄影的常规技术规则获得创新？

答：摄影技术是基础，是可以学的，也是最容易的部分；难学的是摄影师对世界的看法和理解。

真正要增强一组照片的意义，功夫不在拍照上，而是在生活中。说白了就是好好看书、好好工作、好好过日子，体验各种各样的生活。在这个过程中，你有更多的体会，同样的场景你就会有更多的生活阅历，你的观点就会有不同的面貌。

问：如何选择摄影题材？

答：一般摄影师都从自己熟悉的事物开始，例如陈洁，他就是给家里人拍照，而我就格外关注妇女和儿童。这个选择题材的过程是你认识世界和认识自己的过程；达到一定程度后，你会越来越成熟，就会扩充题材，好的摄影师确实驾驭题材的能力会越来越强。但是再强大的摄影师也不是万能的，他肯定会去做自己更喜欢的事情。能够驾驭各种题材，这是一个本事，但只要你在自己喜欢的题材里深耕下去，就都会有收获。

问：对于秃鹫盯着饥饿儿童的照片（《饥饿的苏丹》）的看法？

答：摄影师通常会在拍与不拍之间陷入两难境地。摄影师选择拍，可能是想自己首先是一个摄影师，而选择救助，他可能想着自己是一个人。摄影师在不同的被摄对象和不同的场景中可以有不同的选择。如果你是唯一的施救方，那你可能需要选择放下相机去施救，你首先得作为一个人；但如果在有施救方存在，而且别人的施救比你更专业的情况下，那你就可以作为一个摄影师。《饥饿的苏丹》的摄影师完成照片后赶走了秃鹫，看着小女孩离开了。但是，照片发表后，摄影师被舆论质疑，最终自杀。

第23讲

蹲守的力量

——秦博谈纪录片、新闻报道的创作要素和经验

“其实在拍摄之前的这一年，我们没有进行任何的摄像，只是去医院，化身一个医生。我们跟医学生是一样的，学医学的基础知识，穿上白大褂，每天早上七点半跟着他们去查房，然后开会。我们在抢救室里头学基础的抢救知识，在手术室学无菌规范。”

从2014年底开始，秦博和他的团队开始蹲守在瑞金医院等上海各大医院，历经8个月的时间，接受医学规范培训，掌握手术室的无菌原则。在将近一年的蹲守体验后，秦博和他的团队融入了医生的这个圈子。然后开始了将近一年的蹲守式拍摄，没有预设对象，没有脚本。正是这近乎两年的蹲守，最后造就了十集纪录片——《人间世》。

主讲人简介

秦博，上海电视台融媒体中心首席编导，调查记者。2014年CCTV

十大法治人物，南风窗年度致敬人物。代表作品有《食品工厂的“黑洞”》《人间世》等。

《食品工厂的“黑洞”》荣获中国新闻奖一等奖、上海新闻奖一等奖；《人间世》荣获“纪录中国”年度作品，中国广州国际纪录片最佳系列纪录片奖和最佳导演奖。

最关键的现场

电视的深度报道与报纸特稿最大的不同就在于画面，如果没有最关键的现场，选题就没有办法继续下去。

在报道一系列食品安全事件时，报道组要突破重重困境，想方设法获取关键现场的画面，其中最困难的就是进入不允许拍摄的冷库进行拍摄。记者车上的行车记录仪，记录下了摄像走进冷库的全过程。在这里，所有的手段都变成了办法，在揭黑报道中成为打开关键线索的一把钥匙。

《食品工厂的“黑洞”》表面上聚焦的是基于民生的食品安全问题，实际上却是中国记者与跨国企业之间力量悬殊的一次博弈。

《食品工厂的“黑洞”》

这是一个电视新闻专题报道作品，2014年7月20日19点14分在上海广播电视台新闻综合频道《1/7》栏目首播。该片报道了上海福喜食品有限公司在生产过程中存在大量违反食品安全管理规定的行为，包括添加过期产品、更改生产日期和批号等。由于福喜公司是麦当劳、肯德基、必胜客等多家知名餐饮企业的食品供应商，此片引起了极大的反响。

2015年4月，新修订的《食品安全法》表决通过，全国人大法工委此前表示，福喜事件对《食品安全法》的修订很有启发。对于节目关注的回收原料、过期食品等问题，新《食品安全法》有了更为明确的规定。节目播出后，上海食药监、公安等部门立即成立联合专案组，在全国范围内彻查有关问题食品的流向，上海市委领导批示，这样的食品安全“黑洞”令人触目惊心，这样的舆论监督是充满正能量的，要向调查的记者表示慰问。节目还引发了全球媒体的广泛关注，CNN、BBC、NHK等国际知名媒体都对福喜事件进行了跟踪报道。①

在其他途径无法获得一手证据的情况下，想要揭露麦当劳亚洲最大供货商福喜公司使用过期变质肉这一事实，首先要能够进入生产车间，能看到第一现场，记录第一现场。为此，深度报道组决定派记者通过应聘的方式进入福喜工厂内部，这也是深度报道组经过多次尝试后，不得不选择的一种拍摄方法，也是获取新闻事实唯一可用的拍摄手法。

几个月的蛰伏与忍耐，报道组终于在福喜内部拍到了回收的肉饼被再次投放到机器中加工的画面，完成了预期的目标。2014年7月20日，《食品工厂的“黑洞”》报道一出，舆论哗然。当天，麦当劳全球股市受到重

① 周世康.第25届中国新闻奖评委眼中的好新闻[J].新闻战线,2015,(11):5-10.

挫。7 月 24 日，上海市公安局依法对上海福喜食品有限公司负责人、质量经理等 6 名涉案人员予以刑事拘留。2016 年 2 月 1 日，福喜案一审宣判：法院以生产、销售伪劣产品罪分别判处两家福喜公司（上海福喜、河北福喜）罚金人民币 120 万元，澳籍被告人杨立群等十人均被判有期徒刑。

面对各方压力，《食品安全法》也被重新修订。一个小小的报道组与庞大的跨国公司相比，力量似乎微小，但正是长期的蹲守和坚持，使报道组终于抵达真相的彼岸。

蹲守式记录

《食品工厂的“黑洞”》等一系列报道做完后，我们团队形成了一个固定的模式，那就是一年只做一件事，进行蹲守式的记录。

蹲守式的记录带有一种观察性，但与观察型纪录片不同的是，它带着强烈的问题意识。这跟传统的纪录片也不一样，因为传统纪录片大多是不动声色地记录，最大限度地真实还原场景，为了客观地呈现，创作者有时候也要隐藏自己的态度，这就是直接电影和观察型纪录片秉承的态度。但是观察型的记录只是我们的手段，我们要带着问题意识去拍摄，在一个片子中尽可能去反映一个问题。比如《人间世》中第三集器官捐献、第四集临终关怀等，我们都是在探讨一个社会问题，我们不回避第一人称，也不回避记者的参与，只要真诚不做作就可以。

拍摄《人间世》时，摄制组同样从“蹲守”做起，八个月的时间里，以实习医生的身份，在各个科室轮转学习，又经过了四个月医学培训后，才可以进入手术室拍摄。

蹲守是非常重要的，也是最艰难的。对于我们来说，医学是一个界限，是一个壁垒森严的地方，不同的科室之间也都有很多的知识壁垒，所以进入这个壁垒森严的地方对我们来说最艰难的。在拍摄人物与医生、亲友沟通的时候，如果没有相关医学知识做出下一步应该如何拍摄的判断的话，很难走得很远。所以我们必须像医学进修生一样参加规范培训。

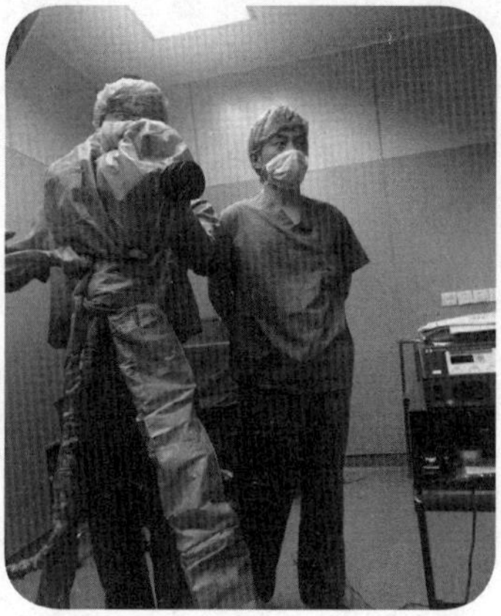

善意的关照

虽然《食品工厂的“黑洞”》取得了巨大成功，但是调查组对于“揭黑”类报道的选题还是慎重的。都说调查记者要勇于揭黑，这只是一方面，记者一只眼睛要看到黑暗，另一只眼睛要看到光明。因此，《人间世》成了我们的最终选择。

《人间世》

这是由上海广播电视台和上海市卫计委联合策划拍摄的 10 集深度调查类新闻纪录片。在 10 集的故事里，不仅有重症抢救、120 急救，还有公民器官捐献，有一个年轻癌症妈妈的抗癌日记，更有临终关怀。两年间，纪录片《人间世》的摄制团队扎根于上海市多个医院，以医院为拍摄原点，聚焦医患双方面临病痛、生死考验时的重大选择。该片希望通过观察医院这个社会矛盾集中体现的标本，反映社会变革期构建和谐医患关系的艰难前行，通过换位思考和善意的表达，展现一个真实的人间世态。

以往的新闻报道中，对医生的呈现方法太有局限性了，批评类的报道尤其多，医生这个群体被妖魔化了；相反，另一种过于强烈的声音是攻击病人群体。如果一种声音过于强烈，那就会失衡，需要提高警惕。我认为这种二元对立的报道模式只是陈述事实当中的一面，医学是一个复杂的问题，一定是多元的。我们有责任去反映最真实的状态：现代医学究竟是什么样的。我们迫切地需要让大家看到现在基层医患关系紧张的问题。这就是《人间世》的切入点，《人间世》由此在感性与理性中找到了一个极好的立足点。

与“揭黑”的报道不同，在这个与生命直接产生关联的选题中，摄制组常常有一种“不安感”。拍摄新闻和纪录片，“不安”是一种很有价值的情绪。《人间世》第九集中，感动了很多人的癌症妈妈的故事，就是成就于这种“不安”。

由于每天面对镜头的压力与病痛交织，拍摄已经进行了一半的癌症妈妈萌生了拒绝拍摄的念头，摄制组体恤了她复杂的情感，同意不再将她作为纪录片的主人公进行拍摄。但我们心中却有一种强烈的不安感，我们在拍摄中一直陪伴着她，就好像我们上了同一条船，但当别人一家在暴风骤雨面前克服困难的时候，我们却下船了。这让我们非常愧疚，我们同癌症妈妈商量好，拍摄还是继续进行，但所有的素材不对外公开，只赠送给她本人留作纪念。我后来反复思考，记录本身的意义是什么，那就是她一个人的记忆。我觉得在那一刻，对她的孩子而言，这个影像具有非常强烈的意义。而我们的记录也因此变得纯粹。就这样又拍了八个月，癌症妈妈渐渐放开心结，主动提出还是将素材剪辑进成片里，这才有了《人间世》的第九集。

真相固然重要，我们在追寻和抵达真相的时候，需要有善意的关照。

伦理的困境

由于是长时间“蹲守式”的拍摄，《人间世》依然避免不了纪录片拍摄过程中经常存在的一个问题——对个体的侵略性。尤其是人在生死关头的时候，还把一切都暴露给拍摄者，虽然我们会花很多时间陪伴家属，有些家属理解会允许我们拍摄，但是有些不理解，我们也不能强求。很多情况下，他觉得摄制组打扰到他了，那出于尊重我们只能停止拍摄。

《人间世》第一集中展现的是死亡案例，这里有一个伦理问题，当最后宣布人去世的时候，摄像机都不会再对准家属，只拍走廊，把哭声抽离出来。

伦理的困境导致纪录片拍摄过程中会产生很多遗憾。《人间世》在拍摄时，因为涉及别人家的生离死别，我们没有一次是带着素材全身而退的，内心总有一种伦理上的亏欠。虽然摄制组陪着拍摄对象一起度过了他们最艰难的时刻，但共患难的背后，目的却并不纯粹：为了拍摄到更好的内容，摄制组才出现在这里。

有时，被拍摄者在拍摄过程中也会反悔，不同意继续拍摄，甚至不同意播出。有一个羊水栓塞的抢救现场，案例非常好看，也足够惊心动魄，但是到最后关乎生死的时候，医院和家属都不同意进去拍摄，所以素材也就浪费了，这种时候整个摄制组都会很懊丧。

放大别人的苦难会让人觉得不适，但有的时候，展现灾难和苦痛会让观众心生怜悯，记录下来会更有力量。因此，伦理问题非常难取舍，它没有一个统一的标准，任何一个像样的标准都没办法去总结：为什么导演要选择这个案例？为什么不能拍那个？其实有一个非常简单的方法，那就是我和我最亲近的人分享我的拍摄经历时，会不会觉得自己不道德？如果是，那就不要记录，不要放出去。

【嘉宾采访】

问：记者对待新闻和纪录片有什么不同的追求？

答：我的个人体会是，做新闻追求的是真相，做纪录片追求的是真实。这两个词就直接决定了这两种类型之间的区别。比如我们在做揭黑的报道时，最主要的考虑是保证证据链的完整。这个证据链一定要做到像法律上的“呈堂证供”一样，它应该是严丝合缝的。但是在纪录片中则不同，我觉得纪录片更是一种生命的体验，它更像是体验式报道，侧重记者的感受。如果我们能够准确、诚恳地把个人感受表达出来，那么获得成功的概率就会大。这也是《人间世》获得如此大反响的原因。

纪录片跟真相不一样。我可以毫不避讳地说，它是经过我们选择的。《人间世》一定不是医院的全貌，也一定代替不了这个群体，不是所有的医生都这么好，它只是表达我们对医学的一种感受。所以，真实和真相有的时候差别还是很大的。

问：当拍摄对象的心理预期与你片子的呈现不一样的时候，你如何去协调这个矛盾？

答：你要坚持内心的选择。比如《人间世》第一集，当我说要把所有的失败案例放进去的时候，我身边的同事都说“你疯了”。因为瑞金医院是最信任我们的，结果我们不把他们成功的案例放进去，反而把失败的案例放进去，那别人就会觉得是不是我做人有问题。但是你自己要清楚内心的认知，你是要消费他们吗？如果你不是消费他们，那你应该坚持一下，他们也应该会理解。

事实上，我刚开始跟瑞金医院沟通时也很难，院方非常担心，觉得这样配合节目组一年半，结果片子出来后都是手术失败的案例；而且他们更不能理解的是，为什么不能把几家医院失败的案例放一起呢，偏偏就只放瑞金医院一家的？

但是我说事实情况正是瑞金医院对我们太信任了，所以我们在其中能够捕捉到最真实的状态，而恰恰就是在失败的时候，那些医生展示的状态才是最真的。之后就是反复沟通，不停地去磨，把我们的想法真实说出来。如果拍摄者不是一个纯粹的坏人，也不是为了宣传自己，那他一定可以理解。事实是瑞金医院的书记在节目播出后，还专门过来和我说："我们之前一直担心你会把我们放在风口浪尖上，谁知道现在终于风平浪静了。"

问：拍摄《人间世》时，遇到现场没来得及抓拍到的细节，会去补拍吗？

答：不会。一般摄像会比较纠结这个问题。如果一个细节没有拍到，那他会非常懊恼。但是补拍本身也不太现实，当别人正在苦难当中，你不可能让他再重演一遍苦难，这是不可能的事情。有的时候，医生是可以补拍的。但是医生不是一个专业的演员，他重新来一遍的话，当时的那种状态是不会再有的，所以拍了也白拍。

做纪录片就是无法避免这种问题，你不可能有天罗地网的摄像头。其实如果你知道了这个场景是什么的话，你要相信以后还有机会再拍到，这只是时间长短的问题。

问：对学新闻和纪录片的同学，有什么建议？

答：最主要的就是提升自己发现问题的能力。现在有一个很不正常的现象，新闻媒体从业人员从网上找选题，这就是能力的缺失。这并不是说明传统媒体式微，也不是平台的问题，是人的问题。

现在很多同学总觉得一切特别顺利，所有的东西都按部就班地进行着，但唯独没有那种历尽千辛万苦一定要把这个事情搞定的心气儿，这个心气儿不能缺。即使你其他能力再优秀，但没有发现问题的能力，也是很要命的。

问:《人间世》展示了医生职业的伟大,是主旋律的宣扬还是情感的流露?

答:我们虽然做过很多揭黑的报道,但始终提醒自己,不要变成黑暗本身,不要用二元对立的想法去思考。自媒体族群的对立很明显,抽离和进入之间的平衡很难。所以我们在纪录片的呈现中,不想将医患关系撕裂,不去呈现新闻报道中的“黄牛倒号”问题,而是呈现一些媒体上少见的东西。新闻报道要做的是平衡。

第 24 讲

中国纪录片如何拥有国际视野

——李侠谈创作得与失

每个时代记录者的观念和记录所用的影像形态本身，都会从不同的角度折射其所处时代独特的丰富内涵。中国社会的巨大变化，也使人们在回顾历史的时候，多了些深邃的思考。

宏大的历史题材如何与当下产生共鸣，并且引起观众的共鸣？哲学里最基本的问题就是：我是谁？我从哪里来？我到哪里去？只做历史题材的话，不会让观众觉得这与自己有关系，要把历史与现实生活当中人们天天能遇到的、能感受的细节收集起来，然后跟考古的东西相关联。我们看到《南海一号》的一艘沉船背后，深埋了怎样的曲折，沉船的打捞又经过怎样的努力；看到《牡丹》从一朵花延伸出如此丰富的意涵和故事；看到《再说长江》又一次凝眸于中华民族的母亲河时，又多了几许温情和感动。

多年前，李侠曾创作中国电视收视奇迹的系列节目《话说长江》，将拍摄的脚步停留在长江的最后一条支流——黄浦江边。二十多年后，李侠参与《再说长江》摄制组，再次将目光回望到这条奔腾不息的大江，将长江的影像延伸到东流入海。在纪录片世界里，埋头耕耘了二十年的导演李侠，有着纪录片人特有的沉稳和执着的气质，也带着许多穿越时间的睿智与随性。

从 2011 年开始，李侠成为央视纪录频道最早的参与者之一，参与也见证了纪录频道在对外宣传中取得的巨大成功；也是从 2011 年起，纪录频道开始探索怎么样把纪录片推向国际，怎样融入国际纪录片主流语言。关于纪录片创作中的国际视角、选题与叙事，李侠有许多自己的体会。

主讲人简介

李侠，1999 年毕业于浙江大学，随后担任电视专题片《湖商》《百间楼老百姓》《养蚕人家》编导，大型电视纪录片《再说长江》《香港十年》《澳门十年》等多部作品的编导。

主要获奖作品：

《再说长江》荣获 2006 年度中国广播影视节目大奖最佳纪录片奖（政府奖），2006 年度中国电视纪录片特别佳作奖、最佳编导奖、最佳撰稿奖，2006 年度中国十大纪录片金奖，中国文献纪录片 20 年经典作品，首届中国影视作品“学院奖”视觉艺术大奖，2007 中、日、韩电视制作者论坛最佳纪录片奖，中国纪录片学会 2006 年度特别佳作、最佳编导作品、最佳撰稿作品，中国纪录片研究会 2006 年度十大金奖纪录片，首届中国影视作品“学院奖”视觉艺术大奖；

《香港十年》荣获第 24 届中国电视金鹰奖电视纪录片“特别荣誉奖”“最佳编导奖”、2007 四川国际电视节纪录片评选金熊猫奖社会类“亚洲制作奖”、2007 年度中国电视纪录片系列片十佳作品奖；

《澳门十年》荣获第 25 届中国电视金鹰奖电视纪录片“最佳纪录片奖”“最佳编导奖”、第 22 届中国电视文艺“星光奖”电视纪录片大奖；

《春晚》荣获第 26 届中国电视金鹰奖电视纪录片“最佳纪录片奖”“最佳编导奖”、第 23 届中国电视文艺“星光奖”电视纪录片大奖。

关于外宣纪录片的定义

在多年的实践和交流中，我发现一个特点：在国际主流舆论和创作环境中，纪录片是所有与视频相关的内容的基础。在发达国家中，主流媒体的创作人员需要具备一个基本功，那就是制作纪录片。纪录片是一切媒体形式的基础，是一个注重内在的表达方式，而且某种程度上它的内在远远超出它的外在。

曾经的宣传有对内和对外之分，但我不认为这两者之间应该有区别，有区别反而不对了，因为观众是一样的，好不好看与内宣外宣无关。对内宣传和对外宣传的区别只在尺度上，并不在表达上，中国对外宣传的环境复杂，这也是当时创办纪录频道的原因之一。

好的外宣纪录片的标准有三点：首先，要能被全球主流的发行机构收购，如果一个片子放到国际市场上有人愿意花钱买，说明这部片子具备了外宣纪录片的素质；其次，能在发达国家主流媒体平台上播出，如果外宣片子始终在欠发达地区以赠播的形式发行，是达不到外宣需求的；最后，片子能在主流的节/展公开展映。

目前，以这三个标准来衡量近几年我国对外宣传的工作，《再说长江》《舌尖上的中国》《超级工程》《春晚》《牡丹》是符合要求的片子，均被海外主流发行播放机构收购或在节/展上播出。然而，自1949年到现在，我国只有一部片子在西方发达国家主流媒体的黄金时段播出，那就是和美国国家地理频道合作的《春晚》国际版。可见，我国外宣发出的声音，是有待加强的。

"春晚"之夜

纪录片《春晚》的创作过程，不啻一场新闻战役。

《春晚》是我最喜欢的一部作品，在我看来，这部片子最符合纪录片的本质，单纯靠故事，把一个复杂的选题说清楚。无论如何，最终打动人的，还是故事本身。

2011年10月，距离2012年龙年大年初一还有三个月的时间，我们接到了拍摄纪录片《春晚》的任务。纪录片《春晚》，以2012年龙年春晚幕后创作为主线，呈现三十年来春晚的变化与成长。

一开始和春晚节目组沟通时，对方便告知，春晚中的每一个节目是否入选，只有到节目开播前的最后一刻才能揭晓。这种不确定性给创作带来很大难度——不仅要在最短的时间内把它摄制完成，还随时面临着可能发生的重拍和补拍。这种创作模式是中国现实类纪录片的全新创作模式，也是十分具有挑战性的模式。

原本就时间紧任务重，《春晚》还决定加入多元的时空，打破舞台单一空间，把视线深入到节目的原生地和演员的家乡，展现演员们真实的情感状态。在原本就紧张的时间里，团队又兵分几路到全国各地拍摄，这样的努力也让春晚变得更接地气儿。原本春晚像一个包装精致、美轮美奂的架在半空的礼盒，总是呈现给观众统一的从容与大气，但是一块幕布背后的忙碌与心悬一线，也是春晚真实的一部分。《春晚》就是把这个礼盒拿了下来，放在了家里的桌子上。

拍摄期间，我们每天都把拍摄完成的素材，按照单个故事编辑，拍到哪儿编到哪儿，把一个个人物故事当作小零件，自由组合加工。五集成片是我们在最后 7 天时间里，用 200 多个小片段组装而成的。可以说纪录片《春晚》将“同步创作”模式发挥到了极致。

国际纪录片的创作

纪录片的创作要想具有国际视野，就要在片子选题上、主要人物的选择上，以及记录的内容、镜头语言等方面多做打磨和准备。

1. 选题：兼具普适性和独特性

外宣纪录片多以伟大的建设成就作为选题内容，但是我们眼中的伟大建设成果，别人不一定关心。还有一些以千百年的文化为主题的纪录片，如果没有相似的文化氛围和文化体验，观众不一定能明白。因此，拿出能让外国人感兴趣的选题很重要。

成功走向国际的外宣纪录片都有这样的特点。以《牡丹》为例，自然题材本身就是国际上较受关注的选题，这样就满足了普适性；牡丹又是中国独有的，这样又兼备独特性。再以《春晚》为例，这是一部国家地理频道播出的纪录片，他们播出的名称是《Insight China Biggest Festival》(《透视中国最大的庆典》)，庆典全世界到处都有，所以作为庆典的春晚具有一定普适性；但从其标题中看，把春晚换了种表述——“中国最大的庆典”，因此又具有了独特性。同样《再说长江》《舌尖上的中国》都符合兼备普适性和独特性的特点。

2. 如何选定人物：戏剧性

戏剧冲突在世界上是普遍适用的。由于近代西方对于影视结构的理解来自莎士比亚，因此人物与故事具备戏剧冲突才能成立。例如纪录片《春晚》中的人物，每一处都充满了冲突。首先是片中的孩子们到底行还是不行，能不能坚持下去；再接着是晚会导演组不断地出难题，片中的表演人数由于导演组的需求不断减少，动作难度系数不断升级，以至于难以完成。这些冲突，在人物和故事选择的最初就能感受到，是导演该有的“预判”。当看到要拍这个段落时，摄制组就觉得不靠谱，成不了的，但拍摄对象不靠谱，并不代表拍出来的东西“不靠谱”。大家都认为难以实现的东西，无论最后能不能成功，拍摄下来都是充满戏剧性的！

3. 内容的合理设计

《香港十年》本来是台里的规划项目。成片后，香港 TVB 把配音改成了广东话，然后全集在 TVB 播出。当《香港十年》在 TVB 播出时，收视率甚至超过了当时的电视剧。

当时我们做这个片子时也进行了一些内容设计，以便更好地实现主题效果。那时有一个台湾商会在香港发展得不错，我们了解他们的故事后，决定进行一定的设计。最终我们选定了这样的情景：在香港的台湾商人，向香港拜年，感谢香港。

剧组准备了一辆车，装着喇叭、放着音乐，一路载着在香港的台湾商人们，从香港岛到九龙，到新界，再转回。剧组调了一架飞机跟拍。为了让被拍对象情绪更加充沛，我们故意设计了一条长的行车路线。一路灯光璀璨，大家兴味甚浓，甚至不用刻意采访，对方就会把你想要的一切肺腑之言全部讲述出来。如果没有这样的设计，片子的感染力不会这么强烈。香港回归十年来的繁华有目共睹，而这盛世，祖国愿意同每一位华夏儿女共享！

制作纪录片之前，一定要了解片子的目标人群，让对方感受到是自己身边的事情。把这些研究透了之后，做一定的设计，才会更吸引观众，当然也要保证一定的拍摄技巧。

《香港十年》里面一共拍了 140 多个人物故事。非常有意思的是，片中绝大部分的人，连香港 TVB 的工作人员都不知道这些人是谁、是哪儿找的。实际上导演组到了香港之后，就开始逛街、跟人聊天，觉得对方可能有点故事，就立刻拍摄，所以也是真正意义上讲普通香港人的故事。TVB 平时不会用这种方式去找拍摄对象的。

4. 充分利用镜头语言

我在剪片子的时候，习惯把声音关掉。习惯了之后你就会知道，这个行业当中最值得了解的是画面语言。《再说长江》拿给领导审片的时候，就是无解说词版，编导现场大致介绍是什么人、在哪儿、大概什么故事。审片版本连字幕都没有，因为如果审片领导看不懂的话，就说明画面编得不好。这样的习惯锻炼了画面语言的精准把握能力，纪录片《牡丹》的创作也得益于此，向观众展现了一个既熟悉又陌生的牡丹。

同一部片子，用不同的剪辑手法会呈现完全不同的效果。纪录片《牡丹》曾被剪辑成两个版本，第一个版本用于戛纳电影节的影片推介会上，推介会的宣传片播出后，国际反响积极，基于国内需要，又剪辑了第二个版本。

《春晚》在央视和国家地理频道上都播出了，但是两个版本不同，大家可以看出对内对外宣传的不同。国家地理频道那一版，国内做粗剪，粗剪之后拿到国外做精剪和撰稿，剪辑到最后，国内和国外剪辑师通过画面语言交流，所以画面也是一个“通用语言”。

牡丹花开

对于中国观众而言，牡丹是国花，是富贵的象征。在历史的长河中，中国文人尤爱牡丹，然而一部关于牡丹的纪录片，如果只有“花开时节动京城”等诗词歌赋，显然是不够的。

接到《牡丹》的拍摄任务时，我和我的团队一直在考虑，对于观众而言，牡丹这个题材意味着什么？我们最初考虑两个方向的延伸：一个是中国文化方向，另一个是生物方向。

中国文化源远流长，丰富多样，但是在记录历史和对待科学上偏向感性，对于精准的数据和严谨理论的追求程度还很不够，这给团队探寻牡丹发展源流带来了很大的困难，对牡丹的文化表意做单一呈现也显得很薄弱。而从生物角度，单纯讲述牡丹从种子到开花的各个生物阶段，并不足以撑一部片长每集 45—50 分钟的系列片。

以牡丹为选题完成一个总计 200 分钟左右的纪录片确实是个不小的挑战。重新审视选题后，团队多了这样的思考：为什么是牡丹，而不是别的事物象征富贵呢？牡丹文化为什么在唐代突然兴起？我们的影片想要告诉观众什么信息？这样一部影片的意义和价值究竟何在？

通过这样的思考，牡丹就不单是一种花了，它还是中华文化整体风貌的代表，它的发展与没落，它的复兴与传承，都和中华民族的命运息息相关。牡丹主题系列片，是要通过牡丹的形象引发观众的思考，如牡丹文化渊源、牡丹代表的中华文化与精神气质等。人是有求知欲的，对未知的事物充满了好奇。实际上在拍摄的过程中，我们发现越是为人熟知的事物，越是人们不甚了解的事物。你认为熟悉的，其实往往是陌生的。纪录片虽然不能告诉你结果，但是能激发人们对未知事物的好奇和探索的欲望。这也是我们拍摄这个纪录片的一个重要目的，希望借助影像引发人们的思考。

四集纪录片，耗时 15 个月，创作行程上万公里，拍摄素材累计两万分钟。在这部纪录片里，牡丹拥有了人格，有自己的身世，有它如何历经千年变迁，融入中国人的生命，又如何从深宫高墙走向寻常人家的故事。牡丹用自己的颠沛和辗转，串起多少人的思绪和怀想，也许故乡千里遥，故园草木深，但一株洛阳红便足以慰藉阔别家园六十载春秋的游子心。

于中国人而言，牡丹是一种寄托。中国人的生活一直是比较隐忍、比较艰苦的，但是人有寄托和梦想，美好的事物就是一种寄托。牡丹是一种比较接地气的寄托，它不像梅兰竹菊那么高洁，好像文人雅士才能拥有一样。牡丹直接跟老百姓最朴实的生活相关，在很多文人骚客的眼中，牡丹有点俗艳，但普通老百姓不就是想过上好日子吗？喜欢花花绿绿的，只想温暖，只想看到鲜艳的颜色，身边有亲人和爱人相伴，这就是朴素的生活。

“南海”探险

为什么中国的纪录片走向世界那么难？所谓的大片是什么样的呢？镜头大？词给得大？先写词再把镜头往上一贴，用这样的创作方式，画面永远跟着文字走，这是不对的。给词贴画面的现象并不少见，然而在遇到视频素材极其匮乏，甚至获取视频素材比较困难的情况下，我们仍旧坚持画面主导。

“南海 1 号”是一艘南宋时期沉没的商贸船，早已为观众所熟知，但是这艘船到底是什么来历，什么形态，船上的人怎样生活，人们似乎又对此一无所知。我们对“南海 1 号”真的不了解，有价值的资料太少了。第一次关于“南海 1 号”消息的传播吸引了太多关注的目光，然而收获寥寥，相关视频几乎没有，仅有的科考队作为资料留存的素材，品质却无法满足电视画面的需求。在这样一个为观众熟知，各类评论纷涌又渐渐沉寂的时期，纪录片《南海 1 号》到底该怎样呈现、怎样立题，用怎样的角度去切入，这不仅关乎片子的走向，更是对导演团队深刻思考历史与现实关系的考验。

我们想在熟悉中带给观众新的理解，让观众在看到历史遗珠时，会想到先辈，想到先辈的脚步是如何一步步走到今天的。就像大海边上的疍民，世代居住在海上，船曾是他们一生的归宿。清末海禁之后，大部分疍民迁移到了岸上。上了岸的疍民，仍然会把房子建造成船体一样的结构，长长的形状、窄窄的楼梯、圆圆的窗棂，小小的床铺边通常放着香炉和香案。他们的生活，仍然像千百年前祖先生活的样子，这也是历史。埋在骨血里的历史印记，不能忘。

考古文献上的资料短缺，成为“南海 1 号”剧组面临的第一个困难。为了追求严谨，团队成员到处查阅书籍，造船的、航海的、历史的……没有充足的了解和预案，剧组几乎是和“南海 1 号”的考古队员一起在进行考古发现，充满了未知和不确定。

《南海 1 号》拍摄沉船，就必定少不了水下拍摄，然而面对深度 27 米、能见度为零的摄影条件，剧组似乎过于乐观了。我们想象中会是碧蓝的海，鱼儿游来游去，下了水之后才发现漆黑一片。可是，海底沉船的影像又是本片不可或缺的重要部分，海底影像的获得关乎全片的成败。

深海作业对操作人员有极严格的专业操作要求，水下摄影师每天只能下水拍摄一次，一次只能拍摄几十分钟。时间长了，潜水员就要进减压舱，第二天都无法继续工作。电视化呈现对水下摄像的要求必然很高，囿于没有前人经验，剧组一直在尝试摸索，一天天下水尝试拍摄。直到下水拍摄的第 8 天，摄制组才拿到了第一条满意的视频。直到这个时候，我们心里才踏实下来，觉得这片子成了。最终《南海 1 号》整部纪录片，水下拍摄历时 50 天，这部片子也可以说是“南海 1 号”沉船首次大规模影像公开呈现。

片中也使用了大量特效制作，秉承严谨科学的态度，在真实的基础之上再现历史；同时历史与现实交织，从现实追溯到历史，又从历史延伸到当下。一部《南海 1 号》在历史与现实之间的游弋，串联起了一个民族的历史记忆。

用心呵护纪录片的成长

在完成一个纪录片选题时，也应把它作为一个主题带给人们更多思考，比如长江、牡丹、春晚、“南海 1 号”等。以《再说长江》为例，其实我也不知道长江 20 年发生了什么变化，但是我从影像上看到了长江的变化。20 年前播放《话说长江》的时候我还小，在编辑当年画面的过程中，我看到那个年代的人们是怎样生活的。无论是纪录片还是其他影视作品，都是通过具体的人物故事表现他生活的时代，这两者是缺一不可的。

中国纪录片像是一颗需要悉心呵护的种子，需要足够的养料和时间。近几年中国纪录片领域没有什么变化，这不能说好，也不能说不好，我们需要用更平和的心态去看待纪录片，不要觉得有多了不起，也不要觉得有多苦闷。每件事情的发展都有它的过程，而纪录片的发展不是靠纪录片人单独支撑的，需要市场、政府和公众一起提升、一起投入，才可能把这个产业慢慢做起来。

时间的跨度给了人们深邃的视野，也给了人们更多机会重新思考。《再说长江》是 20 年前《话说长江》的影像延续和拓展，但是彼此构建的影像体系是一个延续生长的生命体，就像长江自身就是一个天然生长着的生命体一样。① 纪录片的意义一定程度也在于此，如果将每一部纪录片都看作历史的涓涓细流，那么千千万万的溪流汇集到一起便拥有了澎湃之力，而这种澎湃的力量可以流淌到世界的每一个角落！

① 何苏六.不尽长江滚滚来　从《话说长江》到《再说长江》[J].中国广播电视学刊，2006(9).

课堂在线下　交流在云端

在这个知识“唾手可得”的新媒体时代，知识传播呈现出两面性：一方面，网络化正在改变知识的形态，线上知识无远弗届、惠及众人，一个知识的扁平化世界正在到来；另一方面，知识的碎片化、移动化、浅薄化也令人忧虑。这是否会让知识“贬值”，我们是否应该回归具身性的线下课堂？在编撰《传媒大家谈：媒体人的 24 堂精进课》这本书的过程中，我们一直在思考这些问题，并希望通过我们微小的努力，为读者呈现出较为满意的知识内容与知识形态。

这本书源自中国传媒大学电视学院的一门课堂教学实践——“传媒前沿讲座”。邀请校外专家学者为学生作讲座是中国传媒大学电视学院 20 多年来的教学传统。近年来，“传媒前沿讲座”在每周五下午定期举办，主要面向电视学院的研究生，亦欢迎全校感兴趣的师生参与。仅最近 5 年，就有 129 期讲座如约而至。除了新闻传播领域的专家学者外，还有国际关系、外交、经济、艺术等各个领域的名家。百余位嘉宾走进校园，为同学们带来了独出心裁的分享。在不同的时间，这些新思考、新观察、新观点汇聚于传媒大学新知楼报告厅（系列讲座举办地），交流碰撞，纵横激荡，构成了一幅别开生面的交流场景。在这个线下的教学空间中，我们每周迎来新嘉宾与新议题，每年送走一届学有所获的研究生，来来往往，四季相伴。

这本书得以成型，要感谢各位嘉宾的精彩分享，感谢他们为课堂上三个小时的主题分享所做的精心准备，感谢他们毫无保留地将宝贵的经验、新鲜的思考、前沿的观察带到课堂，为同学提供丰盛的“知识大餐”。同时，特别感谢各位嘉宾给予我们充分的信任、支持和帮助，他们无私地分享知识，授权电视学院师生团队整理、编辑和出版他们的观察与思考。没有他们将知识惠及众人的开放态度，就没有读者面前的这本书。这里要说明的是，由于出版周期和篇幅所限，本书只收录了部分讲座内容。除了本书24篇精彩内容之外，其他内容将在未来逐步整理出版。

我们还要重述本书的基本结构，一方面是向读者简要说明本书的基本逻辑和知识构成，另一方面是对每一位主讲嘉宾再次表达敬意。

第一章聚焦国际传播。关娟娟、张勇、田冰、李若四位嘉宾主要围绕如何做好国际新闻报道、如何讲好中国故事、如何提升国际传播能力、如何解析美国媒体与政治等问题展开讲解。国际传播既要立足本土经验，亦须具有全球视野，在硬实力和软实力两个方面寻求突破。

第二章聚焦新闻本体。张勤、刘万永、蔡方华、刘骁骞四位嘉宾根据多年来丰富的新闻从业经验，为大家讲解如何做电视新闻、如何找到新闻的最后一块拼图、如何报道纷繁复杂的新闻事件、如何在新媒体场域保持传统媒体的风格等议题。在新闻界，优秀的记者都应具备扎实的新闻基本功、卓越的采编技巧和坚定的新闻理想，这些经验透过本人的讲述，既生动有趣又充满了专业智慧。

第三章聚焦网络舆论。杨禹、段赛民、杜少中、严军琦四位嘉宾通过实践体察和学术分析，为大家勾勒了一幅互联网时代的舆论图景，有助于我们理解复杂的舆论场、网络舆情的新特征、网络动力学以及如何开展公共传播等重要议题。学习和把握网络舆论的规律，是当今传媒从业者必须具备的能力之一。

第四章聚焦社交媒体。叶铁桥、郭亮、刘通、赵蕾四位嘉宾是传统媒体和社交媒体的“跨界者”，他们基于丰富的业界实践经验，将转型的目光对准新媒体和新传播形态，为大家讲解数字内容产业、网络音频产品、移动短视频和电视新生态。在媒介融合时代，掌握不同介质之间的转换与融合，是当代媒体人面临的重要生存挑战。

第五章聚焦传播研究。近年来新闻传播面临范式更新的挑战，学界与业界呼唤更多的对话与交流。周树华、孙志刚、宣明栋、杜英、周柳宁五位嘉宾带来了新闻传播前沿研究成果与思考，他们深入讲解新媒体时代的传播效果、大众传播范式的发展，分析美学与传播学的交相辉映，以及数据可视化与数据新闻的教育应用。这些知识提醒我们，互联网时代需要重新思考传播研究的边界和方向。

第六章聚焦视觉传播。黄文、秦博、李侠三位嘉宾是这一领域的资深专家，不仅获奖无数，而且对影像创作有着细致入微的思索。从解析新闻摄影获奖作品到谈论纪录片创作要素与得失，每一位影像爱好者和创作者定能从中有所收获，进而反观自身的实践，创作出更好的作品。

我们希望《传媒大家谈：媒体人的 24 堂精进课》能够成为一本内容丰富、观点鲜明、语言生动的“知识地图”，不论是专业学习者、传媒工作者，还是传媒爱好者和其他领域的读者，都能够从中领会当今传媒行业前沿的观点和思考，获取业界的探索经验和创新的路径，思考传媒业和从业者面临的困惑。我们希望这本脱胎于线下讲座课程的知识“合集”，能够超越简单的知识陈述，从一个个主题中抛出问题，引发嘉宾与读者之间的隔空对话与思考。

我们还要感谢为这本书的出版给予大力支持和帮助的同仁们。

中国传媒大学电视学院的领导和各位同事为这门课的开设、这本书的出版给予了大力的支持和帮助。在电视学院院长高晓虹教授的带领下，我们“坚持做好一门课”，力争为同学们搭建好知识的“桥梁”。这不仅是学院对课程团队提出的要求，也是所有同学们的期许。中国传媒大学教务处处长王晓红教授、电视学院党委书记曾祥敏教授指导这门课的开展，不仅帮助邀请各位专家，还经常走进课堂，与专家交流对话，为同学们做知识指引。中国传媒大学校务委员会副主任胡芳教授、电视学院副院长何苏六教授、新闻传播学部副学部长吴敏苏教授、电视学院副院长孙振虎教授、电视学院党委副书记秦瑜明教授、新闻传播学部综合办程素琴主任等人为讲座的顺利开展和本书的出版给予了支持和帮助。此外，还要感谢电视学院多位同事的关心和支持，他们或帮助联络嘉宾，或为讲座的开展鼎力相助，在此一并致谢。

每一届都有几位研究生同学自愿参与讲座的筹备协调工作，为同学们提供服务。自 2018 年开始筹划本书开始，以下同学参与了讲座文稿的整理、专家访谈、专家联络以及其他筹备工作中，付出了辛勤劳动，他们是：2017 级广播电视学研究生王晴、张晓明、何慧敏；2017 级 MFA 研究生鲁瑶、周瑶；2017 级国际新闻传播硕士研究生潘九鸣、刘紫君、王宛艺；2016 级广播电视学研究生蔡艺芃、曹宁、刘明君。此外，这几年参与讲座课程工作的同学还包括：2016 级 MFA 研究生宁志忠、孙艺鸣；2015 级国际新闻传播硕士研究生袁月明；2015 级 MJC 研究生姚瑶、方行；2015 级 MFA 研究生李沛姗等。他们中有的已经毕业、走上工作岗位，有的即将离开校园。希望讲座课程助教的这段经历，能为他们打开知识的视野，助力他们今后的学习和工作。在此一并致谢。

最后，本书的出版得到了人民日报出版社的支持。在人民日报出版社编辑的精心策划和帮助下，本书终于顺利付梓。

因编者学识和水平有限，本书中的不足之处，恳请各位读者指正。

本书编者

2020 年 6 月

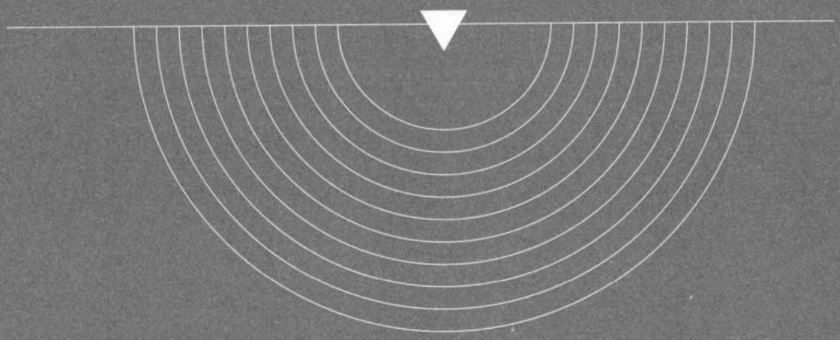